Gilles Champagne

L'essentiel du Droit constitutionnel

1 Théorie générale du droit constitutionnel

7e édition

À jour de la révision constitutionnelle du 23 juillet 2008

Gualino
lextenso éditions

Cette collection de livres présente de manière **synthétique**, **rigoureuse** et **pratique** l'ensemble des connaissances que l'étudiant doit posséder sur le sujet traité. Elle couvre :

- **le Droit et la Science Politique ;**
- **les Sciences économiques ;**
- **les Sciences de gestion ;**
- **les concours de la Fonction publique.**

Gualino éditeur
Tél. 01 56 54 16 00
Fax : 01 56 54 16 49
e-mail : gualino@lextenso-editions.fr
Site : www.lextenso-editions.fr

ISBN 978 - 2 - 297 - 01123 - 5

SOMMAIRE

Liste des principales abréviations

al.	Alinéa
art.	Article
C	Constitution
CC	Conseil constitutionnel
CE	Conseil d'État
CEDH	Cour européenne des droits de l'homme
CJCE	Cour de Justice des Communautés européennes
COM	Collectivité(s) d'outre-mer
DDHC	Déclaration des droits de l'homme et du citoyen
DOM	Département(s) d'outre-mer
LC	Loi constitutionnelle
LF	Loi fondamentale
LO	Loi organique
PFRLR	Principes fondamentaux reconnus par les lois de la République
RP	Représentation proportionnelle
SUM1T	Scrutin uninominal majoritaire à un tour
SUM2T	Scrutin uninominal majoritaire à deux tours
TOM	Territoire(s) d'outre-mer (dénomination antérieure à la LC du 28 mars 2003, les COM se substituant aux TOM)
v.	*versus*

Du même auteur

- L'essentiel du Droit Constitutionnel. Tome 2 : Les institutions de la Ve République, *coll. Carrés Rouge*, Gualino éditeur, 8e édition, 2008.
- Exercices corrigés – QCM – Droit constitutionnel et Institutions politiques, LGDJ, 3e édition, 2007.
- Annales corrigés de Droit Constitutionnel et Institutions politiques, *coll. Annadroit* (édition annuelle), en collaboration avec Dominique Breillat et Daniel Thome, Gualino éditeur, 10e édition, 2008.
- Exercices corrigés – Théorie générale du droit constitutionnel, en collaboration avec Dominique Breillat et Daniel Thome, *Coll. Exercices corrigés*, LGDJ, 2e édition, 2006.
- Exercices corrigés – Les institutions de la Ve République, en collaboration avec Dominique Breillat et Daniel Thome, *Coll. Exercices corrigés*, LGDJ, 2e édition, 2006.

Introduction

Le constitutionnaliste étudie le statut juridique de l'État, l'organisation et le fonctionnement des pouvoirs publics, ainsi que le pouvoir politique : il prend en considération les textes, la coutume constitutionnelle et l'environnement politique de l'État.

La « théorie générale du droit constitutionnel » s'intéresse à de grandes notions : *l'État, la Constitution, la démocratie, la théorie de la séparation des pouvoirs, le régime présidentiel, le régime parlementaire, les régimes de confusion des pouvoirs, les régimes mixtes.*

Le droit constitutionnel est avant tout une branche du droit, mais il fait aussi l'objet d'une approche historique et sociologique.

Le droit constitutionnel est une ***discipline juridique***, car il rassemble les règles qui fondent le statut de l'État et encadrent les phénomènes politiques : il pose les règles du jeu politique et distribue les rôles entre les différents acteurs (le chef de l'État, le Gouvernement avec à sa tête le Premier ministre, le Parlement...). Pour Montesquieu, la rédaction d'une Constitution est d'ailleurs une barrière contre l'absolutisme. Les Constitutions contemporaines protègent d'autant plus les gouvernés qu'elles prévoient, de plus en plus souvent, la création d'une Cour constitutionnelle qui veillera à ce que le législateur, auteur de la loi, respecte les droits fondamentaux consacrés par le texte fondateur, lequel se situe au sommet de la hiérarchie des normes.

Cependant, il existe parfois un décalage important entre le texte et la pratique institutionnelle. Ainsi, la Constitution française du 4 octobre 1958 instaure un régime parlementaire, avec un Premier ministre chef de l'exécutif, et un président-arbitre. Or, quand il dispose d'une majorité parlementaire qui lui est favorable, le président gouverne et le Premier ministre devient son principal collaborateur, Matignon exécutant la politique décidée par l'Élysée. Cette pratique présidentialiste du régime est constante depuis 1959, sauf lorsque s'ouvre une période de cohabitation après que le chef de l'État ait perdu sa majorité parlementaire. Cette dérive présidentialiste est révélatrice au mieux d'un existentialisme juridique, au pire d'un non-respect de la Constitution ; néanmoins, cette pratique semble faire l'objet d'un consensus depuis l'alternance politique de 1981. En revanche, le recours par le général de Gaulle à l'article 11 C (référendum législatif) pour réviser la Constitution en 1962 (succès) et en 1969 (échec), au lieu d'utiliser la procédure prévue à l'article 89 C, est considéré comme une violation de la Loi fondamentale par la plupart des constitutionnalistes.

On peut alors s'interroger sur le caractère normatif du droit constitutionnel, dans la mesure où la « règle de droit » se définit justement par son caractère « coercitif », c'est-à-dire qu'elle est obligatoire et sanctionnée par l'autorité publique. La réponse est bien sûr affirmative ; en France, par exemple, le président de la République qui viole la Constitution risque d'être traduit devant le Parlement réuni en « Haute Cour », laquelle a le pouvoir de destituer le chef de l'État à la majorité des deux tiers de ses membres ; de plus, il peut être ramené à l'obéissance sous la pression des autres pouvoirs publics, parfois avec le concours des citoyens.

Le droit constitutionnel fait également l'objet d'une ***approche historique*** ; ainsi, en France, à la suite de la crise du 16 mai 1877, le droit de dissolution est tombé en déshérence sous la IIIe République et la France a connu une instabilité gouvernementale chronique ; la « République parlementaire » est devenue la « République des parlementaires », l'exécutif étant dominé par les deux chambres.

Enfin, le droit constitutionnel donne lieu à une ***approche sociologique***. En effet, le fonctionnement des institutions est fortement conditionné par l'environnement politique. Ainsi, le bipartisme, le multipartisme tempéré, le multipartisme intégral auront une influence déterminante sur la stabilité gouvernementale en régime parlementaire.

Le droit constitutionnel « classique », étudié dans cet ouvrage, est une invention de l'Occident : apparu dès le XVIIIe siècle, il met en place un régime modéré, libéral, qui est par la suite devenu démocratique avec l'établissement du suffrage universel. Ce droit constitutionnel présente plusieurs caractéristiques : la confiance dans l'individu et le citoyen, la défense des libertés, l'alternance politique, le respect des droits de l'opposition, l'organisation d'élections disputées, la recherche d'équilibres institutionnels entre l'exécutif et le Parlement, entre le pouvoir central et les pouvoirs locaux. Il a été à l'origine de plusieurs vagues de constitutionnalisation : la première a été provoquée par l'indépendance des États-Unis d'Amérique et par la Révolution française de 1789, la seconde par les Révolutions francaises de 1830 et 1848, la troisième par la Première guerre mondiale, et la quatrième par la Seconde guerre mondiale. Contesté par les États marxistes, par les États fascistes, et par de nombreux États du Tiers-Monde (surtout latino-américains et africains), le droit constitutionnel classique tend, depuis une vingtaine d'années, à la mondialisation avec une cinquième vague de constitutionnalisation ; en effet, de nombreux pays (États post-communistes, États d'Amérique latine et d'Afrique) recherchent désormais le « charme discret » de la démocratie et du droit constitutionnel classique.

Ce constitutionnalisme « classique », héritage de l'Occident, s'est lui-même transformé en constitutionnalisme « moderne » avec la généralisation du contrôle de la constitutionnalité des lois, avec l'affirmation de la suprématie de la Constitution, et avec la célébration du respect des droits fondamentaux.

Inscrite au programme du 1er semestre de licence Droit 1re année, la « théorie générale » de ce droit constitutionnel classique mérite donc une étude approfondie ; en outre, une solide connaissance de la « *théorie générale* » est nécessaire pour étudier « *les institutions de la Ve République* », qui figurent au programme du second semestre (*cf.* notre ouvrage dans cette même collection : *L'essentiel du droit constitutionnel* ; t. 2 – *Les institutions de la Ve République*, Gualino éditeur, 8e éd., 2008).

Cet ouvrage est également destiné aux étudiants, et aux agents de la Fonction publique d'État et de la Fonction publique territoriale qui se présentent aux concours administratifs, notamment en vue de préparer les épreuves de droit public (écrit et oral) et de culture générale (écrit et conversation avec le jury).

L'État

CHAPITRE 1

L'État moderne, apparu au XVIe siècle, donne lieu à sa théorisation dans la pensée politique et juridique (conceptions absolutistes, libérales, socialistes et théocratiques de l'État). L'existence de l'État nécessite la présence d'une population identifiée, d'un territoire déterminé (même exigu) et d'un gouvernement effectif. La caractéristique essentielle de l'État est d'être une personne morale dotée de la « souveraineté ». L'État présente deux formes juridiques : l'État unitaire, à l'exemple de la France, et l'État composé ou complexe, à l'exemple des États-Unis d'Amérique (fédération) et de la Communauté des États indépendants (confédération).

1 Les diverses théories de l'État

Les conceptions absolutistes et autoritaires

À partir du XVIe siècle, un courant de pensée rejette l'axiome posé par saint Paul selon lequel le pouvoir vient de Dieu. Ainsi, les Monarchomaques, tels Hubert Languet (1518-1581), Théodore de Bèze (1519-1605) et Philippe Duplessis-Mornay (1549-1623), auteurs calvinistes, affirment que l'État ne naît pas de la volonté divine, mais d'un contrat autrefois conclu entre le roi et ses sujets : ceux-ci se sont engagés à obéir, et le roi a promis de respecter des règles garantissant leurs libertés ; si le monarque rompt le pacte, le peuple est fondé à résister.

Or, cette théorie sur l'origine contractuelle du pouvoir est détournée par Thomas Hobbes au profit de l'absolutisme monarchique (*Le Léviathan*, 1651). Hobbes (1588-1679) montre que les hommes, pour sortir d'une situation d'anarchie, ont conclu entre eux un contrat qui institue un État garant de l'ordre. Mais le monarque placé à la tête de cet État n'est pas lié par ce contrat auquel il demeure extérieur, bien qu'il en soit le bénéficiaire. Il est donc permis au souverain, même si cela n'est pas souhaitable, d'opprimer ses sujets sans que cet abus de pouvoir puisse légitimer une éventuelle révolte ; toutefois, Hobbes reconnaît « un droit à la liberté individuelle » (comme droit « de la liberté et de conscience »), et remet ainsi implicitement en cause la toute puissance de l'État. Dans les années 1930, avec la montée des États totalitaires, la pensée de Hobbes a été invoquée par les théoriciens du fascisme et du national-socialisme, et tout particulièrement par Carl Schmitt (1888-1985), dignitaire du régime nazi, concepteur et défenseur de ses lois ; ce célèbre juriste allemand, qui se livra à une lecture antisémite de l'histoire politique occidentale, se réclame de Hobbes en déformant grossièrement sa philosophie politique, notamment dans deux œuvres maîtresses, *Théologie politique* (1922) et *Le Léviathan dans la théorie de Thomas Hobbes* (1938).

■ *Les conceptions libérales de l'État*

a) Le rejet de la conception absolutiste de l'État

Dans ses deux *Traités du gouvernement civil* de 1690, John Locke (1632-1704) montre que les hommes – pour mener une vie collective plus intense – ont conclu un pacte avec le futur monarque, ce dernier s'engageant à respecter les libertés et la propriété de ses sujets. La violation du contrat justifie donc la Révolution (Premier Traité). John Locke cherche finalement à asseoir la légitimité du pouvoir politique sur le consentement populaire (Second Traité).

b) La théorie de la séparation des pouvoirs, réaction contre l'absolutisme royal

Préconisée par Charles de Montesquieu (1689-1755), l'instauration de pouvoirs séparés, égaux et complémentaires doit permettre l'avènement d'un État modéré et libéral (*De l'Esprit des lois*, 1748). Les libertés publiques, explique l'auteur, n'existent que par la loi.

c) La loi, source du pouvoir dans la théorie du contrat social

Dans son *Contrat social* (1762), Jean-Jacques Rousseau (1712-1778) considère que les hommes, afin d'être plus heureux, ont conclu un pacte en vertu duquel ils s'engagent à se conformer à la volonté générale, laquelle s'exprime dans la loi, expression de l'intérêt général. Le pouvoir politique se manifeste dans la loi, élaborée et votée par les citoyens réunis en une seule assemblée ; le monarque, s'il en existe un, n'a pour fonction que l'exécution de la loi.

d) La théorie de l'État minimal

Avec Benjamin Constant (1767-1830) et les libéraux du XIXe siècle – Alexis de Tocqueville (1805-1859), François Guizot (1787-1874) –, se développe la théorie de l'État minimal, qui doit assurer un minimum d'ordre propice à l'épanouissement des libertés, ce qui s'oppose donc à toute intervention de l'État dans le domaine économique et social. Les libertés doivent être garanties par la Constitution qui définit quelques principes, et les lois doivent être conformes à ces principes constitutionnels.

e) Les doctrines pluralistes de l'État au XXe siècle

S'inspirant de la pensée politique libérale dont Locke est le précurseur, plusieurs juristes vont poser les fondements juridiques de l'État moderne. Raymond Carré de Malberg (1861-1935) définit l'État-nation : l'État est la personnification juridique de la nation et possède la souveraineté. Léon Duguit (1859-1928), dans une approche sociologique, considère l'État comme une abstraction, la réalité étant symbolisée par les gouvernants, détenteurs de la puissance de contrainte matérielle ; enfin, Maurice Hauriou (1856-1929) définit l'État comme une Institution supérieure aux autres, une Institution qui s'est lentement formée à partir de la communauté nationale. Malgré leurs divergences, ces trois auteurs s'entendent sur l'essentiel : l'État démocratique poursuit la satisfaction de l'intérêt général et recueille un consentement collectif. Avec l'effondrement des États marxistes (hormis la Chine, le Vietnam, la Corée du Nord, Cuba) et l'évolution de certains pays du Tiers-Monde vers la démocratie (Chili, Argentine, Brésil..., et plusieurs pays africains), les conceptions pluralistes de l'État semblent donc s'imposer.

Les conceptions socialistes de l'État

a) Les socialistes non marxistes et l'État

À l'exception de quelques révolutionnaires – Gracchus Babeuf (1760-1797), Louis Auguste Blanqui (1805-1881) – qui veulent instaurer par la violence l'État socialiste, la majorité des auteurs, tel Étienne Cabet (1788-1856), souhaite une réforme de l'État capitaliste et l'établissement de la démocratie directe au niveau local.

b) Les marxistes-léninistes et l'État

Karl Marx (1818-1883), Friedrich Engels (1820-1895) et Lénine (Vladimir Ilitch Oulianov, dit Lénine, 1870-1924) considèrent l'État comme un organe d'oppression d'une classe par une autre. Ils préconisent de renverser l'État capitaliste et de prendre le pouvoir en mettant en place la dictature du prolétariat ; c'est plus tard, dans la phase supérieure du communisme que surviendra le dépérissement de l'État.

c) Les anarchistes et l'abolition de l'État

Pierre Joseph Proudhon (1809-1865) et Mikhaïl Aleksandrovitch Bakounine (1814-1876) veulent détruire toute forme d'État, s'opposant ainsi à la dictature du prolétariat.

Les conceptions théocratiques de l'État

Tombée en désuétude en Occident depuis la fin des monarchies absolues de droit divin, la conception théocratique du pouvoir renaît avec l'avènement de l'État islamique, symbolisé par l'Iran. La loi des fidèles et le pouvoir législatif résident dans le Coran (ou Loi de Dieu) et la *Sunna* (ou Tradition du Prophète), le chef unique, le calife ou imam (chef religieux et temporel), étant chargé de l'exécution de la Loi islamique ou *Charia* (composée du Coran et de la *Sunna*).

2 La définition de l'État en droit constitutionnel

Les éléments constitutifs de l'État

La qualité « étatique » est liée à l'existence de trois conditions cumulatives.

a) De la « nation » à la « population identifiée »

– *Pour les juristes classiques,* n'importe quelle population ne peut pas prétendre à constituer un État. Seule une nation peut servir de base à l'organisation étatique. Selon la thèse subjective, la nation est un ensemble d'individus qui veulent vivre ensemble. La nation est un être collectif et indivisible, distinct des individus qui la composent. Elle englobe à la fois le passé, le présent et l'avenir (les morts, les vivants, les générations futures). L'État sera la personnification juridique d'une nation.

– *Pour les juristes modernes,* il est impossible d'exiger la naissance d'une nation pour former un État. La « nation » comme élément constitutif de l'État fait donc place à la « population identifiée », susceptible d'être constituée de divers peuples et de plusieurs nations. Ainsi, la plupart des nouveaux États issus de la décolonisation sont multinationaux (exemple des États africains qui comprennent plusieurs ethnies, langues et religions). Ici, le rapport classique État-nation est inversé. L'État existe avant la nation et c'est à partir de cet État que se forge peu à peu une certaine unité nationale. Même dans le cas des États-Unis d'Amérique, l'État semble antérieur à la nation, celle-ci n'apparaissant vraiment qu'à la fin de la Guerre 1914-1918. Parfois, la nation est écartelée (nation allemande partagée 45 ans entre la RFA et la RDA), ou – inversement – des nations sont regroupées (l'Autriche-Hongrie de François Joseph Ier, la Yougoslavie du maréchal Tito).

b) Le territoire déterminé

Il ne peut y avoir d'État sans territoire. En effet, l'État exerce un pouvoir dont il importe de définir les frontières spatiales. Ces frontières sont terrestres : naturelles (ligne de crêtes ou ligne de partage des eaux) ou artificielles. Elles sont également maritimes : largeur de la mer territoriale (12 milles marins pour la France), mer patrimoniale ou zone économique exclusive (188 milles marins pour la France) ; désormais, la souveraineté maritime de l'État riverain est fixée au moins à 200 milles nautiques (12 + 188). Enfin, les frontières sont aériennes, la souveraineté de l'État concerne l'espace aérien qui le surplombe, en dehors de l'espace extra-atmosphérique.

Les juristes classiques exigent que le territoire possède une superficie minimum, un territoire trop exigu excluant la qualité étatique. Dans la présentation contemporaine, l'existence d'une dimension minimale n'est plus exigée. Ainsi, parmi les 192 États membres de l'ONU, certains sont des micro-États.

c) Le gouvernement effectif

Le mot « gouvernement » est ici entendu *lato sensu*, en tant qu'autorité ou organe représentant l'État. Il ne peut y avoir d'État sans gouvernement « effectif », c'est-à-dire de pouvoirs publics qui soient en mesure d'exercer réellement leur autorité. Le gouvernement effectif, qu'il soit ou non légitime, aura le monopole de la contrainte – et donc de la force armée – sur un territoire déterminé et une population donnée. En Allemagne, à l'époque de la République de Weimar (1919-1933), l'apparition de corps francs (1925-1933), de milices enrôlant et armant les citoyens a marqué le début de la dégénérescence de l'État. Au-delà de cette exclusivité de la force armée, l'État dispose seul de la prérogative de commander et de se faire obéir.

Conformément à la position réaliste issue de la « doctrine Estrada » (ministre mexicain des Affaires étrangères dans les années 1930), la France a pour principe de reconnaître les États (et non pas les gouvernements) en se référant à l'effectivité (du gouvernement) et non pas à la morale, contrairement à la « doctrine Tobar » qui privilégie la légitimité démocratique du gouvernement.

■ *La notion juridique de l'État*

Pour les juristes, l'État est une personne morale qui détient la puissance, la souveraineté.

a) L'État, « personne morale »

La personnalité morale est une invention, une fiction, un artifice qui permet de donner à une abstraction les effets de droit qui résultent de l'activité des personnes physiques représentant ce groupe.

L'octroi de la personnalité morale est à l'origine de « l'institutionnalisation » (Maurice Hauriou). L'État est une Institution, ce qui a une double conséquence :

– ***les gouvernants n'agissent pas en leur nom propre mais au nom de l'État,*** entité, force supérieure et abstraite. Historiquement, le pouvoir s'est institutionnalisé, c'est-à-dire qu'il s'est progressivement détaché des personnes qui l'incarnaient : ainsi, les gouvernants ne font qu'exercer des compétences au nom de l'État, et leurs actes sont imputés à l'État au nom duquel ils gouvernent ;

– ***l'État se caractérise par la continuité :*** les dirigeants peuvent mourir, les gouvernements être renversés, l'État subsiste, il est permanent et assure la sécurité des relations juridiques. Les nouveaux gouvernants doivent donc respecter les engagements internationaux pris par leurs prédécesseurs.

b) L'État, personne morale « souveraine »

Dégagée par Jean Bodin (1529-1596), auteur de *De la République* (1576), la « souveraineté » est le pouvoir le plus élevé, le commandement suprême dans une société : elle est absolue, perpétuelle et indivisible (en réalité, seule la souveraineté nationale est indivisible, à la différence de la souveraineté populaire dont chaque citoyen détient une parcelle, cf. *infra*, p. 65). La souveraineté est l'apanage de l'État, alors que les organisations internationales ne peuvent bénéficier que de transferts de compétences (CC, 9 avril 1992, *Maastricht I*).

1) La notion de souveraineté

Selon la définition de Julien Laferrière, la souveraineté est un « pouvoir de droit originaire et suprême ».

• UN POUVOIR « DE DROIT »

L'État n'est pas un simple phénomène de force ; le pouvoir est guidé par une idée de droit ; l'État élabore des règles auxquelles adhèrent sciemment ou non les individus ; l'État, incarné par ses dirigeants, cherche à obtenir une approbation populaire pour acquérir la légitimité.

• UN POUVOIR « ORIGINAIRE »

L'État ne tient son autorité de personne, sinon de lui-même ; aucune autorité, même divine, n'a délégué à l'État son pouvoir.

• UN POUVOIR « SUPRÊME »

Aucune autorité n'est supérieure à l'État, que ce soit dans ou hors de l'État ; dans l'ordre interne, l'État ne peut rencontrer ni supérieur, ni égal, ni concurrent ; l'État est donc l'institution suprême qui domine toutes les autres ; les personnes morales et les personnes physiques ne peuvent exercer leurs activités que dans le respect des lois de l'État. Toutefois, cette souveraineté étatique n'est pas absolue mais limitée par le droit international, un État souverain pouvant accepter de s'autolimiter par voie conventionnelle ou coutumière : élaborée par Georg Jellinek (1851-1911), cette théorie de l'autolimitation fut consacrée par l'ancienne Cour permanente de Justice internationale dans les célèbres affaires du *Vapeur Wimbledon* (arrêt du 17 août 1923) et du *Lotus* (arrêt du 7 septembre 1927). Et même, selon certains auteurs, notamment Michel Kail et Emmanuel Wallon, la souveraineté de l'État serait aujourd'hui mise en péril par la mondialisation, par l'autonomie des régions, et par la montée en puissance d'autres organisations publiques ou privées. D'autres facteurs expliquent cette menace qui semble planer sur la souveraineté de l'État : la fragilité croissante de pays toujours plus nombreux (tout du moins d'États moyens qui – à la suite d'éclatements – alimentent la prolifération étatique), le renforcement des structures internationales et des ONG, l'apparition de véritables Institutions de la communauté mondiale (telle la Cour pénale internationale), la reconnaissance progressive d'un « droit d'ingérence ». Cependant, la thèse de « la fin des souverainetés » ne peut être défendue. En réalité, dans certains États, la « souveraineté-forteresse » a fait place à la « souveraineté partagée » au sein de constructions supranationales.

Certains politologues, tel Robert Cooper, classent les États en trois catégories :

– ***les États « prémodernes »*** (l'Afghanistan, la Somalie, le Liberia, l'Irak…), États qui ont sombré dans le chaos, États si fragiles et si faibles que la notion de souveraineté n' y a aucun sens ;

– ***les États « modernes »*** (États-Unis, Russie, Chine, Inde, Brésil, Argentine…), peu favorables à des concessions qui porteraient sur la souveraineté nationale ;

– ***les États « post-modernes » :*** les vieux États occidentaux (surtout européens) dont la sécurité repose largement sur l'interdépendance de leurs économies, États enclins à négocier leur souveraineté dans d'autres domaines : malgré, ou plutôt grâce à l'érosion de leur souveraineté, ces États « post-modernes » sont les plus puissants (hormis les États-Unis et la Russie, États « modernes ») alors qu'un excès de souveraineté est souvent source d'inertie et d'immobilisme.

2) Les attributs de la souveraineté

L'État est l'institution suprême, c'est l'institution des institutions.

L'État possède donc un pouvoir d'auto-organisation. Selon la formule de Georg Jellinek, l'État dispose de la compétence de ses compétences. Il a qualité pour déterminer lui-même ses attributions et la façon de les exercer. Le pouvoir constituant appartient à l'État.

En conséquence, l'État peut édicter des règles de droit, au moyen de lois (actes du Parlement) et de règlements (actes de l'exécutif). Ainsi, les organes de l'État vont développer un ordonnancement juridique à partir de la Constitution. D'ailleurs, conformément à la théorie de la hiérarchie des normes (cf. *infra*, p. 57) établie par Hans Kelsen (1881-1973), le droit – et donc l'État – se définit comme un « système normatif dynamique », c'est-à-dire un système dans lequel les normes sont créées en vertu de l'autorité que possède leur auteur et non en vertu d'un acte de la raison.

L'État rend la justice, exerce des fonctions de police, peut battre monnaie, lever une armée, etc.

3) L'État souverain, État de droit

À condition de ne pas être totalitaire, l'État souverain reste un État de droit, c'est-à-dire un État qui ne peut pas tout faire. Conçu comme un pouvoir, l'État lui-même est soumis au droit et respecte les règles de droit qu'il élabore, ce qui exclut l'arbitraire ; l'État de droit suppose notamment l'existence d'une Constitution, de lois précises qui encadrent les organes d'exécution, et de juridictions indépendantes qui exercent un contrôle de l'application du droit ; l'État de droit nécessite également le respect du principe de la hiérarchie des normes.

Assurément, il existe une certaine contradiction entre la notion de souveraineté et celle d'État de droit. L'État circonscrit donc ses pouvoirs, mais il peut toujours modifier les limites qu'il s'est posé.

Cette idée d'État de droit est apparue au XIXe siècle, dans la pensée juridique allemande, et à l'instigation de Robert von Mohl (*Droit public du royaume de Wurtemberg* [1829]) ; une distinction a alors été établie entre l'État de droit *(Rechtsstaat)* et l'État de police (*Polizeistaat* ou *Obrigkeitstaat*), classification opposant un État dans lequel les institutions sont soumises au droit à un État dans lequel règne l'arbitraire. Cette notion d'État de droit a été délaissée par les auteurs français (sauf par L. Duguit dès 1907, puis par M. Hauriou et par R. Carré de Malberg, essentiellement), alors que Hans Kelsen ne s'y intéressa que pour en faire la critique, le célèbre juriste autrichien estimant que l'expression « État de droit » constituait une tautologie puisque, pour cet auteur, l'État personnifiait l'ordre juridique. Cette notion fut consacrée par le constituant allemand de 1949, en réaction contre l'ancien système national-socialiste ; cette expression est utilisée en France depuis la circulaire du 25 mai 1988 adressée par Michel Rocard (alors Premier ministre) aux membres de son gouvernement, circulaire qui leur demandait de respecter « l'État de droit ».

4) Les caractéristiques du pouvoir d'État en France

Le pouvoir d'État, comme le montre Jean Gicquel, est un pouvoir de centralisation (les pouvoirs politiques intermédiaires ont été supprimés), un pouvoir d'arbitrage (négociations entre l'État et les groupes de pression), un pouvoir extrapatrimonial (le patrimoine de l'État ne peut être confondu avec le patrimoine privé des gouvernants), enfin un pouvoir civil et temporel (l'armée est subordonnée au pouvoir civil, et le principe de laïcité s'applique, c'est-à-dire que l'État observe une attitude de neutralité).

5) Les fonctions de l'État

L'État-gendarme se distingue de l'État-providence. L'État-gendarme exerce des missions traditionnelles : police, justice, défense, relations extérieures. L'État-providence, qui s'est développé à partir des années 1930, exerce non seulement les missions classiques de l'État-gendarme mais, de surcroît, intervient dans le domaine économique et social.

Incapable de résoudre la crise économique qui a éclaté en 1974, l'État-providence a été vivement critiqué par les économistes néo-libéraux (notamment Friedrich August von Hayek [1899-1992] et Milton Friedman [1912-2006]), et remis en cause par plusieurs gouvernants (surtout Margaret Thatcher Premier ministre britannique de 1979 à 1990, Ronald Reagan président des USA de 1981 à 1989, Jacques Chirac Premier ministre de mars 1986 à mai 1988 lors de la cohabitation I). Le milieu des années 1990 marque un net retour de l'État-providence.

3 Les formes juridiques de l'État

L'État unitaire

a) Le principe de l'unité

L'État unitaire, à l'exemple de la France, ne comporte sur son territoire et pour sa population qu'une seule organisation politique et juridique, un seul appareil d'État qui détient la plénitude de la souveraineté. La centralisation des organes est illustrée par l'unicité des autorités politiques : un seul exécutif, un seul Parlement, et une seule organisation juridictionnelle. La centralisation du droit est manifeste puisqu'il existe une seule Constitution et une législation commune applicable à l'ensemble du territoire.

b) L'organisation de l'État unitaire

La déconcentration et la décentralisation, qui coexistent utilement, sont les deux modes d'organisation de l'État unitaire. Exceptionnellement, la décentralisation est si forte qu'elle provoque la constitution de l'État « régional » ou « autonomique » dont la nature juridique est incertaine.

1) La déconcentration

La *centralisation* pure est un système dans lequel seuls les organes centraux sont habilités à prendre des décisions administratives applicables sur tout le territoire. Le rôle des agents publics locaux se limite à appliquer les décisions prises par le centre. L'État est la seule collectivité publique. Une telle centralisation est dangereuse pour les libertés, tout en étant d'une efficacité relative. Ce système ne peut être utilement mis en œuvre que dans un micro-État (Principauté de Monaco, Liechtenstein, etc.).

Modalité ou relais de la centralisation, la ***déconcentration*** permet de pallier les inconvénients de la centralisation. Ce système consiste à reconnaître à des agents de l'État répartis sur tout le territoire un certain pouvoir de décision : les décisions prises par ces agents tiendront compte des nécessités locales. La centralisation subsiste puisque les agents sont hiérarchiquement subordonnés au pouvoir central ; de plus, les décisions sont imputées à l'État seul. En France, le préfet – de département et de région – est le symbole de la déconcentration : il exerce l'autorité de l'État dans une circonscription administrative, et il y est le chef des « Services déconcentrés » (autrefois appelés Services extérieurs de l'État).

2) La décentralisation territoriale

La décentralisation territoriale consiste dans la reconnaissance par l'État d'autres personnes publiques territoriales, qui possèdent un pouvoir de décision sur un certain nombre de matières. À la différence du fédéralisme qui est un système politique, la décentralisation territoriale est un système administratif d'organisation. La personne publique locale n'a qu'une existence administrative. Les collectivités territoriales ne peuvent intervenir que dans la matière administrative. L'accomplissement de la décentralisation territoriale suppose que certaines conditions soient remplies : l'attribution de la personnalité morale, la reconnaissance d'affaires propres qui sont de la compétence de la collectivité territoriale, l'indépendance des dirigeants des collectivités décentralisées (des dirigeants donc élus par les citoyens concernés et non pas nommés par l'État), la disposition de moyens suffisants (à la fois techniques et financiers). Toutefois, dans la mesure où l'État unitaire tient à sa cohésion et craint les forces centrifuges, les gouvernants nationaux disposent d'un droit de regard (exemple de la tutelle) d'intensité variable.

Adoptée en France dans la période 1871-1884 au profit des départements et des communes, cette décentralisation était très limitée en raison d'une tradition (héritée des Jacobins et de Napoléon Bonaparte) favorable à la centralisation. La décentralisation française a été considérablement renforcée depuis la loi du 2 mars 1982 qui, notamment, supprime la tutelle (contrôle *a priori* effectué par le préfet non seulement sur la légalité mais aussi sur l'opportunité) pour un contrôle *a posteriori* et uniquement de légalité exercé par les Tribunaux administratifs devant lesquels le préfet peut seulement déférer l'acte. De plus, le législateur a opéré un transfert de compétences et de ressources au profit des collectivités territoriales (lois des 7 janvier et 22 juillet 1983). Cependant, même accrue, cette décentralisation reste encadrée ; pour le Conseil constitutionnel, la forme unitaire de l'État exige le maintien d'un contrôle administratif (CC, 25 février 1982, *Lois de décentralisation*) ; la Haute Instance veille ainsi au respect de l'article 72 C : « Les collectivités territoriales… s'administrent librement par des conseils élus et dans les conditions prévues par la loi » ; en l'occurrence, pour la Cour de la rue Montpensier, « s'administrer » ce n'est pas gouverner, mais se gérer sans bénéficier d'un pouvoir normatif initial. Réciproquement, pour le Conseil, respecter la libre administration locale signifie que toute collectivité soit dotée d'attributions effectives : les juges constitutionnels veillent donc à ce que le législateur respecte un seuil minimal de compétences en l'absence duquel une contrainte excessive entraverait la libre administration des collectivités territoriales (CC, 20 janvier 1984, *Fonction publique territoriale*).

La révision constitutionnelle du 28 mars 2003 a donné un nouvel élan à la décentralisation en faisant de la France une République dont « l'organisation est décentralisée » (art. 1er C, complété). Le constituant dérivé a magnifié le principe de libre administration des collectivités territoriales : consécration du « pouvoir réglementaire des collectivités territoriales pour l'exercice de leurs compétences » (art. 72 al. 3 C) (pouvoir réglementaire très encadré), reconnaissance du principe « d'autonomie financière » des collectivités territoriales (art. 72-2), introduction du principe de subsidiarité (art. 72 al. 2), apparition du principe « d'expérimentation » (art. 72 al. 4), etc. (sur la LC du 28 mars 2003, voir notre ouvrage : *L'essentiel du droit constitutionnel* ; t. 2 – *Les institutions de la Ve République*, Gualino éditeur, 8e éd., 2008).

La décentralisation est donc source d'autonomie au sein de l'État centralisé, et non pas d'indépendance ; toutefois, l'alinéa 2 du Préambule de la Constitution de 1958 consacre le principe de « libre détermination des peuples », fondement du droit à sécession, au profit des « peuples des Territoires d'outre-mer », à l'exclusion de ceux des Départements d'outre-mer ou de la Corse (CC, 2 juin 1987, *Consultation des populations calédoniennes*) ; néanmoins, le Conseil constitutionnel reconnaît désormais le droit d'autodétermination aux « peuples d'outre-mer » (CC, 4 mai 2000, *Consultation de la population de Mayotte*), ce qui le rendrait applicable à toutes les collectivités situées outre-mer, donc aux DOM mais pas à la Corse. Enfin, d'ores et déjà, il existe une souveraineté partagée entre la France et la Nouvelle-Calédonie depuis la LC du 20 juillet 1998 (art. 77 C).

3) L'État régional ou autonomique, forme « ultra décentralisée de l'État unitaire » (ou « État sui generis » ? ou « nouvelle forme d'État composé » ?)

En Italie et en Espagne, la décentralisation est si approfondie que les Régions italiennes et les Communautés autonomes espagnoles sont dotées dans certaines matières de l'autonomie législative au niveau local : dans ces deux pays le constituant a voulu instaurer un État « régional » ou « autonomique », variété ultra décentralisée de l'État unitaire ; de même, l'État « de la dévolution » des pouvoirs s'est constitué en Grande-Bretagne depuis les *Scotland Act*, *Government of Wales Act* et *Northern Ireland Act* de 1998 qui ont redonné leur autonomie aux régions périphériques, surtout à l'Écosse ; puis, plus récemment, le *Government of Wales Act* et le *Northern Ireland Act* (*Saint Andrews Agreement*) de 2006 ont renforcé – en s'inspirant du modèle écossais – l'autonomie du Pays de Galles et de l'Irlande du Nord.

Plusieurs auteurs, certes minoritaires, estiment que l'État « régional » constitue une nouvelle forme juridique de l'État, distincte des deux modèles traditionnels (l'État unitaire et l'État composé ou État complexe) et située entre ces deux types d'États. D'autres auteurs, également minoritaires, considèrent même que l'État « régional » est une nouvelle forme d'État « composé » ou État « complexe », au même titre que l'État fédéral et que la confédération. Selon les théoriciens de ces nouveaux modèles, l'État « régional » ou « autonomique » ou « de la dévolution » reconnaît une réelle autonomie aux entités locales (Constitution italienne de 1947, Constitution espagnole de 1978, *Acts* de 1998 précités pour la Grande-Bretagne) ; dotées d'une autonomie politique d'intensité variable, les Communautés espagnoles et les Régions italiennes sont pourvues d'institutions quasi politiques, disposent d'un pouvoir législatif (régional), et leurs compétences sont protégées par le juge constitutionnel. En vérité, à la différence de l'État fédéral, la structure étatique reste unitaire. D'une part, l'autonomie des collectivités de l'État régional n'est que relative ; leur pouvoir d'auto-organisation est encadré, et leur participation à l'exercice du pouvoir étatique est très limitée : les entités de l'État régional ne possèdent pas de pouvoir constituant, et elles ne participent pas à l'élaboration des lois nationales dans une chambre haute représentant spécifiquement les collectivités territoriales. D'autre part, l'autonomie des entités locales de l'État régional est très contrôlée : contrôle de constitutionnalité et contrôle de légalité sur les actes législatifs ou administratifs des Communautés autonomes (Espagne), contrôle de constitutionnalité des lois régionales et des actes administratifs de la Région (Italie).

■ *Les États composés ou États complexes*

L'État composé ou complexe est un « État d'États », dont le degré d'intégration est très fort au sein de la fédération, très faible au sein de la confédération.

a) L'État fédéral

1) La notion de fédéralisme

L'État fédéral ***« par association »*** est un groupement d'États qui consentent à abandonner – sur un mode égalitaire – une partie de leurs compétences au profit de la communauté ; toutefois, ces entités participent à l'élaboration de décisions communes.

L'État fédéral ***« par dissociation »*** naît de l'évolution d'un État unitaire qui décide de donner à ses composantes une certaine indépendance juridique et politique (Belgique, Constitution du 17 février 1994).

L'État fédéral est le mode d'organisation politique de presque tous les États les plus puissants et les plus vastes : États-Unis d'Amérique, Fédération de Russie, Allemagne, Canada, Australie, Inde, Brésil, Argentine, Mexique, Venezuela, Afrique du Sud, Nigeria, Irak, etc. ; néanmoins, le fédéralisme intéresse également des États tels que la Belgique, l'Autriche, la Suisse, la Bosnie-Herzégovine, la Malaisie, Les Émirats Arabes Unis, les Comores, etc.

L'État fédéral repose toujours sur une Constitution, acte de droit interne ; pacte de la fédération, la Constitution prévoit notamment les compétences de l'État fédéral (super-État) et celles des États membres ou fédérés (situés au niveau inférieur) dont la dénomination varie selon le pays concerné : États (États-Unis, Australie, Venezuela, Inde, Malaisie), *Länder* (Allemagne, Autriche), Républiques (ex-URSS, ex-Yougoslavie, Russie en partie), Sujets (Russie de façon générique), Provinces (Canada, Argentine), Communautés et Régions (Belgique), Émirats (Émirats Arabes Unis).

2) Les principes du fédéralisme

Les trois éléments du fédéralisme ont été dégagés par Georges Scelle. Théoriquement, leur mise en œuvre devrait témoigner d'un fédéralisme fort.

• LE PRINCIPE DE SUPERPOSITION

Deux niveaux d'organisation politique et juridique se superposent dans l'État fédéral : celui du centre, et celui de la périphérie (chacun des États membres). L'État fédéral dispose d'une organisation politique distincte de celle des États fédérés. Sur le plan international, seul apparaît l'État fédéral qui possède donc la souveraineté plénière. Sur le plan interne, le droit fédéral s'impose au droit fédéré (règle de la primauté) ; cette clause de suprématie est symbolisée par l'adage selon lequel « *Bundesrecht bricht Ländersrecht* » (le droit de l'État fédéral brise le droit des États fédérés). Le droit fédéral est directement applicable à tous les citoyens, sans intervention des entités fédérées (règle de l'applicabilité directe).

• LE PRINCIPE D'AUTONOMIE

Le principe d'autonomie implique que chaque unité fédérée garde la liberté d'auto-organisation, sous réserve de respecter, par exemple, le caractère républicain de l'État. Chaque entité élabore donc sa propre Constitution (sauf en Belgique) et se dote d'un exécutif, d'un Parlement, et d'un appareil judiciaire.

La Constitution répartit les compétences entre le centre et la périphérie. Généralement (exemple des États-Unis), la Constitution réserve la compétence de droit commun aux États membres (compétence de la périphérie sur toutes les matières, sauf celles expressément réservées au centre par la Constitution), l'État fédéral ne disposant que d'une compétence d'attribution (compétences du centre « limitativement énumérées » par la Constitution) : le Parlement des entités fédérées est donc le législateur de droit commun. Dans quelques pays (exemple du Canada), la Constitution accorde la compétence de principe à l'État fédéral, et la compétence résiduelle aux États membres : le Parlement fédéral est alors le législateur de droit commun. Parfois, outre les pouvoirs spécifiques au centre et à la périphérie, sont également prévus par la Constitution fédérale des secteurs de compétence « concurrente » entre la fédération et les États fédérés (Allemagne, Russie), ou même des secteurs de compétence « complémentaire » (Suisse) ; dans l'hypothèse des compétences concurrentes, les États membres ne peuvent intervenir que dans la mesure où la fédération, qui a un droit de primauté, s'abstient de le faire elle-même ; dans l'hypothèse des compétences complémentaires, les États fédérés exercent des attributions en application des lois fédérales : ainsi, avant la révision constitutionnelle du 28 août 2006, la Loi fondamentale allemande prévoyait que dans certaines matières le *Bund* (la fédération) pouvait édicter des lois-cadres que les *Länder* pourraient mettre en œuvre.

L'État fédéral possède toujours des compétences minimales (la diplomatie, la défense, l'économie, les compétences douanières, la citoyenneté et la nationalité). De plus, dans les domaines qui sont de sa compétence, chaque État membre élabore ses propres règles de droit privé et de droit public. Aux États-Unis, par exemple, la législation varie considérablement d'un État à l'autre dans certaines matières (la peine de mort, l'avortement, le divorce, etc.).

Les conflits de compétence sont réglés par la voie juridictionnelle. La Cour suprême des États-Unis, la Cour constitutionnelle en Allemagne, en Russie, etc., se présentent comme l'organe protecteur et régulateur du fédéralisme.

• Le principe de participation

Les États membres participent à la vie des institutions fédérales. Ils ne sont pas totalement exclus de l'exercice des compétences qu'ils ont déléguées à l'État fédéral (fédéralisme par association). Bien évidemment, toute modification de la Constitution fédérale suppose l'approbation des États membres (cf. l'exemple des États-Unis, *infra*, p. 45).

Les États membres participent indirectement au pouvoir exécutif ; en effet, les entités fédérées collaborent généralement à la désignation des titulaires du pouvoir exécutif fédéral (désignation du gouvernement fédéral en Suisse, cf. *infra*, pp. 157-158 ; élection du président fédéral en Allemagne, cf. *infra*, p. 149) ; de plus, les États fédérés sont parfois représentés au sein de l'exécutif fédéral, notamment au Canada (chaque province est représentée par au moins un ministre fédéral), en Belgique et en Suisse (la composition de l'exécutif fédéral tient respectivement compte des communautés linguistiques et de la diversité des cantons).

Conséquence du principe de participation, chaque État fédéral dispose d'un Parlement bicaméral : l'une des deux chambres représente la population dans son ensemble (la Chambre des Représentants aux États-Unis, le *Bundestag* en Allemagne, la *Douma* d'État en Russie, etc.), l'autre représente les entités fédérées (le Sénat aux États-Unis, le *Bundesrat* en Allemagne, le Conseil de la Fédération en Russie, etc.). Par l'intermédiaire de la seconde chambre, les États fédérés participent donc aux décisions prises par l'État fédéral ; la chambre représentant les États possède toujours des compétences en matière de révision constitutionnelle ; de plus, elle participe à l'élaboration des lois fédérales ; parfois, elle exerce des compétences spécifiques en matière internationale (approbation des traités internationaux par le Sénat des États-Unis). Ordinairement, le bicaméralisme est inégalitaire au profit de la chambre qui représente la population (Allemagne, Russie, Canada, etc.) ; parfois, le bicaméralisme est égalitaire (Suisse, Australie) et même, dans certains domaines, le Sénat des États-Unis est prépondérant.

Généralement, la représentation des États au sein de la seconde chambre est identique, quel que soit le poids démographique de l'État (100 sénateurs aux États-Unis, soit 2 par État, et 178 membres pour le Conseil de la Fédération de Russie, soit 2 représentants pour chacun des 89 « sujets » de la Russie) ; cet égalitarisme absolu est en principe l'indice d'un fédéralisme fort. Quelques États fédéraux admettent cependant une certaine pondération en tenant compte de la population des États membres (Canada, Inde, Allemagne avec de 3 à 6 représentants par *Land* au *Bundesrat*).

Les membres de la chambre qui représente les États sont presque toujours élus au suffrage universel direct ; exceptionnellement, comme en Allemagne, ils sont nommés par les gouvernements de chaque État fédéré ; au *Bundesrat* (69 membres), ce sont donc les gouvernements des 16 *Länder* qui s'expriment presque directement.

- LES MANIFESTATIONS D'UN FÉDÉRALISME FORT

Certains indices témoignent d'un fédéralisme fort : l'attribution de la compétence de droit commun aux États fédérés, l'égalitarisme absolu dans la représentation des États au sein de la seconde chambre (quel que soit le poids démographique de l'État), le caractère égalitaire du bicaméralisme, l'élection – en République – du chef de l'État par le Parlement (et non pas au suffrage universel direct), l'impossibilité d'organiser un référendum (tout du moins au niveau fédéral). Or, dans l'ensemble, cette belle construction de l'ingénierie constitutionnelle qu'est l'État fédéral paraît en crise.

3) La crise du fédéralisme

• Une superposition souvent déséquilibrée

Les États fédéraux ne présentent plus, sauf exceptions, une construction pyramidale parfaite. Ainsi, la Russie – avec le système fédéral des *matriochkas* (poupées russes gigognes) – se compose de 89 sujets constitués par 21 Républiques disposant d'une Constitution, 6 territoires *(kraya)*, 49 régions *(oblasti)*, 2 villes à statut fédéral, 1 région *(oblast)* autonome et 10 districts *(okruga)* autonomes ; la Suisse comprend 26 cantons et demi-cantons ; la Belgique est formée de 3 régions et de 3 communautés ; en Inde, les 28 États possèdent des pouvoirs différents de ceux des 7 territoires qu'abrite cet État.

• Une autonomie fréquemment réduite

La possibilité d'autonomie « organisationnelle » des États fédéraux est dans la pratique très limitée. Ainsi, même aux États-Unis (archétype de l'État fédéral) toutes les entités sont construites sur le même modèle inspiré de l'organisation fédérale : chaque État – d'ailleurs doté d'un régime présidentiel – a un gouverneur, un Parlement bicaméral (sauf le Nebraska), et une organisation juridictionnelle avec au sommet une Cour suprême.

La faculté d'autonomie « fonctionnelle » semble encore plus réduite. En Allemagne, par exemple, la grande importance accordée aux compétences des *Länder* n'est qu'apparente : certes, la Fédération n'a une compétence exclusive que dans 12 domaines mais les compétences concurrentes (cf. *supra*, p. 28) concernent 28 domaines. De plus, des révisions constitutionnelles récentes, notamment en Suisse, ont renforcé le rôle du centre aux dépens de celui de la périphérie. De même, en Russie, l'État fédéral a été favorisé par la nouvelle loi (adoptée le 29 juillet 2000) sur les principes généraux d'organisation des organes représentatifs et exécutifs du pouvoir d'État des sujets de la Fédération de Russie ; mais surtout, la loi du 11 décembre 2004 supprime l'élection au suffrage universel direct des exécutifs des États membres de la Russie (gouverneurs des régions, présidents des Républiques...) : les 89 « Hauts responsables des sujets de la Fédération » seront désormais élus par les Parlements locaux sur proposition du chef de l'État, et le Kremlin aura le droit de dissoudre les assemblées locales au cas où celles-ci refuseraient à trois reprises d'entériner son choix ! Enfin, dans certains États, la jurisprudence de la Cour constitutionnelle réduit les compétences des entités fédérées : ainsi, la Cour constitutionnelle russe a renforcé la politique fédérale en matière de gestion des relations Centre-sujets.

• UNE PARTICIPATION DÉCLINANTE

La réduction de la participation concerne la désignation de l'exécutif fédéral ; de nombreux États fédéraux, tels la Russie, le Mexique, le Brésil, l'Argentine, l'Autriche, le Nigeria, notamment, connaissent l'élection du président de la République au suffrage universel direct ; certains préconisent l'instauration d'un tel mode de scrutin aux États-Unis où George Walker Bush a été élu président en 2000 avec moins de voix populaires que Al Gore (cf. *infra*, p. 104) ; du reste, même lorsque le président est élu par le Parlement (bicaméral), la chambre haute (qui représente les entités fédérées) compte presque toujours moins de membres – et donc moins d'électeurs – que la chambre basse (qui représente la population dans son ensemble).

La réduction de la participation concerne également l'élaboration des lois fédérales. Sauf exception (exemple des USA où le bicaméralisme est égalitaire, exemple de l'Allemagne mais seulement pour les lois « fédératives » [lois mettant en jeu le fédéralisme]), en cas de désaccord entre les deux assemblées la chambre basse peut l'emporter sur la chambre haute lors du vote de la loi. Mais parfois, l'opposition de la chambre fédérale ne peut être surmontée qu'à la majorité qualifiée de la chambre populaire (Allemagne, le *Bundestag* pour les lois « non fédératives », c'est-à-dire les lois qui n'ont pas d'incidences sur les *Länder*) ; justement, en réduisant le nombre des lois fédératives au profit des lois non fédératives, la révision constitutionnelle du 28 août 2006 contribue au déclin du *Bundesrat*, et donc de la « participation » : néanmoins, cette révision de la Loi fondamentale (la plus importante depuis 1949) semble neutre au regard du fédéralisme car « l'autonomie » sort renforcée de cette réforme, de nouvelles compétences étant en effet accordées aux *Länder* en contrepartie de la réduction des pouvoirs de la chambre haute (cf. *infra*, p. 152). Enfin, le recours à des procédés de démocratie directe, comme le référendum au niveau fédéral, permet dans certains États (Suisse, Autriche…) de réduire les prérogatives des entités fédérées.

• LE MOUVEMENT DE CENTRALISATION : SES CAUSES ET SES LIMITES

La réduction de l'autonomie et de la participation illustre le mouvement de centralisation qui se développe actuellement au profit de l'État fédéral et aux dépens des unités fédérées ; ce phénomène s'explique par des raisons économiques (le renforcement de l'État-providence, la lutte contre le sous-développement économique dans les pays du Tiers-Monde), par des motifs financiers (la mainmise du super-État sur les principales ressources fiscales, et la redistribution aux unités fédérées d'une partie de ces ressources sous forme de subventions accordées par l'État fédéral), et enfin par des causes politiques (l'organisation des grands partis politiques sur le plan fédéral, la forte résonance de la politique internationale dont la conduite est l'apanage de l'État fédéral).

Cette tendance au resserrement des liens fédéraux est cependant limitée par la diversité ethnique, linguistique et culturelle des populations concernées (notamment au Canada, en Suisse et en Belgique), et par la souplesse du système institutionnel fédéral (États-Unis) ; l'assouplissement du fédéralisme peut déboucher sur l'instauration d'un fédéralisme « à plusieurs niveaux » (Pierre Pactet) (exemple de la Fédération de Russie), ou d'un fédéralisme « asymétrique » (Maurice Croisat) qui traite de façon différente les collectivités qui sont dans une situation non comparable. Enfin, le pouvoir judiciaire contribue parfois au relâchement des liens fédéraux ; ainsi, aux États-Unis, la jurisprudence la plus récente de la Cour suprême protège efficacement les États fédérés contre les visées expansionnistes du pouvoir central : la Cour a notamment remis en cause un principe fédéraliste (la clause du commerce entre États) sur lequel s'appuyait le Congrès depuis 1937 pour légiférer dans les domaines les plus variés, le port d'armes autour des établissements scolaires (26 avril 1995, *United States v. Lopez*), le contrôle de la vente des armes (27 juin 1997, *Printz v. United States*). La Cour suprême renforce l'autonomie des États fédérés dans d'autres arrêts récents, tels que *Siminole Tribe of Florida v. Florida* (27 mars 1996), *City of Boerne v. Flores, Archbishop of San Antonio et al.* (25 juin1997), *Alden v. Maine* (23 juin 1999), *Federal Maritime Commission v. South Carolina State Ports Authority* (28 mai 2002) ; seule la décision *Gonzales v. Raich* du 6 juin 2005 déroge à cette politique jurisprudentielle favorable à la périphérie, la Cour suprême ayant en effet reconnu au Congrès (donc au pouvoir central) le droit d'imposer aux États membres la loi fédérale qui interdit la production et la consommation du cannabis, y compris pour les malades.

En définitive, malgré l'apparition récente de nouveaux États fédéraux (Belgique, Bosnie-Herzégovine) et bien que la construction européenne ait certainement donné un renouveau à l'idée du fédéralisme, la crise du fédéralisme est évidente ; certains États ont refusé le choix du fédéralisme, alors que cette forme d'organisation semblait s'imposer à eux au regard de leur grande superficie, de leur fort peuplement, et de leur diversité ethnique (exemple de la Chine) ; en outre, plusieurs États fédéraux ont éclaté (comme l'URSS qui [en décembre 1991] a donné naissance à 15 États dont 14 États unitaires ; la Tchécoslovaquie le 1er janvier 1993 ; la Yougoslavie en pleine « balkanisation » à partir de juin 1991), quelques autres ont abandonné le fédéralisme (le Cameroun, État unitaire depuis 1972), ou pratiquent le fédéralisme dans des conditions cahotiques (exemple du Nigeria).

b) La confédération

La confédération est une association d'États (au sens du droit international) qui décident de créer des organes communs pour coopérer dans un certain nombre de domaines. L'acte constitutif de la confédération est un acte de droit international (Traité) et non pas un acte de droit interne (Constitution). Les organes de la confédération sont des structures légères. La coopération entre les États membres est égalitaire. Chaque État garde sa souveraineté et doit pouvoir quitter librement la confédération. Ce respect de la souveraineté se traduit par l'application de la règle de l'unanimité, chaque décision devant être approuvée par tous les États membres. Enfin, les instances confédérales ne créent pas un droit directement applicable dans chacun des États : pour pénétrer dans l'ordre juridique des États membres, les règles posées doivent faire l'objet d'une réception.

La confédération a souvent été une étape préalable à la création de l'État fédéral : la Confédération des États-Unis de l'Amérique du Nord (1777-1787), la Confédération suisse (1481-1848, Confédération suisse elle-même héritière de la « Ligue des cantons » créée dès 1291), la Confédération de l'Allemagne du Nord (1866-1871).

Aujourd'hui, la confédération est surtout illustrée par la CEI (Communauté des États indépendants, qui compte 11 membres, à savoir les Républiques de l'ex-URSS à l'exception des trois États baltes, et du Turkménistan qui s'est retiré le 26 août 2005). La CEI, qui a notamment réglé le problème de dévolution et de répartition du matériel militaire, joue un rôle important en matière de coopération économique. Certains auteurs citent également le Commonwealth, association d'États issus de l'Empire britannique et disposant d'un minimum d'organes communs (la Couronne et une Conférence des chefs de gouvernement). Quant à l'Union européenne, elle a un niveau d'intégration très supérieur à celui d'une confédération, mais inférieur à celui d'un État fédéral : l'Union européenne ne constitue donc pas un État fédéral, même si le processus d'intégration a été réactivé par le Traité de Lisbonne du 13 décembre 2007, « Traité simplifié » dont l'entrée en vigueur – qui nécessite la ratification du traité par les Vingt-sept – est (pour l'instant) improbable en raison de la victoire du « non » au référendum organisé en Irlande.

La Constitution

CHAPITRE 2

Conçue initialement comme un moyen pour lutter contre l'absolutisme royal, la Constitution écrite définit les règles relatives à l'organisation et au fonctionnement des pouvoirs publics, et énonce – de plus en plus souvent – les droits et libertés essentiels. La Constitution est généralement écrite, exceptionnellement coutumière. L'élaboration et la révision de la Loi fondamentale donnent lieu à la mise en œuvre d'un pouvoir constituant « originaire » et « dérivé ». Le contrôle de la constitutionnalité des lois tend à se généraliser dans le monde : ce contrôle renforce l'État de droit et protège les droits et libertés des citoyens, que le contrôle soit exercé par une Cour constitutionnelle spécifique ou par un tribunal intégré dans la hiérarchie judiciaire, que la juridiction constitutionnelle soit saisie par la voie de l'action ou de l'exception. La France a connu une grande instabilité constitutionnelle.

1 La notion de Constitution

Une conception militante de la notion

Le mot « Constitution », pour définir le statut de l'État, est utilisé à partir du XVIIIe siècle par les philosophes du siècle des Lumières. Le constitutionnalisme, avec Locke et Montesquieu comme chefs de file, est un mouvement qui préconise de substituer une Constitution écrite aux coutumes, souvent vagues et imprécises, qui laissent au monarque un pouvoir largement discrétionnaire. La Constitution écrite est donc l'instrument d'un combat en faveur d'un État libéral et modéré, contre l'absolutisme royal. La Constitution doit limiter les pouvoirs du monarque et préciser les droits du citoyen.

Le constitutionnalisme « classique » est donc né avec la rédaction des Constitutions révolutionnaires, alors que le constitutionnalisme « moderne » apparaît avec le contrôle de la constitutionnalité des lois. Le constitutionnalisme moderne insiste sur la suprématie de la Constitution (laquelle est placée au sommet de la hiérarchie des normes) et sur le respect des droits fondamentaux.

Depuis la Constitution américaine de Philadelphie (1787), les multiples expériences politiques et constitutionnelles, en France et à l'étranger, montrent que la Constitution n'a souvent été qu'une barrière de papier contre l'arbitraire du pouvoir politique. Une Constitution, même longue et détaillée, ne permet pas d'empêcher un éventuel retour du despotisme ou de la dictature : ainsi, en 1933, le chancelier Hitler a accédé au pouvoir de façon relativement légale, malgré les 186 articles de la Constitution de Weimar (1919).

■ *Définition matérielle et définition organique de la Constitution*

a) Le critère matériel de la Constitution

Le critère matériel prend en considération le contenu du texte fondateur, à savoir l'ensemble des règles les plus importantes qui régissent l'organisation et le fonctionnement des pouvoirs publics. Le contenu de la Constitution sera à géométrie variable. Au minimum, la Constitution énonce les règles relatives à la forme de l'État, au statut des gouvernants, à l'exercice du pouvoir ; au maximum, elle englobe le droit parlementaire, le droit électoral, le statut des partis politiques et les droits fondamentaux.

b) Le critère organique ou formel de la Constitution

Le critère organique privilégie le contenant et non plus le contenu, c'est-à-dire la procédure juridique d'élaboration et de révision de la Loi fondamentale. La Constitution apparaît alors comme un ensemble de règles juridiques élaborées et révisées selon une procédure spéciale et supérieure à celle utilisée pour les autres normes juridiques. Norme fondamentale, « *Grundnorm* » selon Hans Kelsen, la Constitution se situe au sommet de la hiérarchie des normes. Elle est privilégiée car elle est unique en son genre. Elle est protégée car elle est hors d'atteinte des autres règles juridiques qui, par définition, lui sont inférieures : le contrôle de la constitutionnalité des lois témoigne de cette primauté de la norme constitutionnelle.

c) La coïncidence des deux critères, matériel et organique

Habituellement, les règles les plus importantes de l'État bénéficient d'un régime juridique supérieur. Exceptionnellement, les deux critères sont dissociés ; ainsi, le Royaume-Uni (malgré quelques textes) est doté d'une coutume constitutionnelle, donc d'une Constitution uniquement matérielle ; réciproquement, des dispositions marginales, qui ne sont pas matériellement constitutionnelles, figurent parfois dans une Constitution formelle : les 18e et 21e amendements de la Constitution des États-Unis relatifs aux boissons alcoolisées, l'article 80 de la Constitution suisse du 18 avril 1999 concernant le mode d'abattage du bétail.

Constitution écrite et Constitution coutumière

a) La Constitution écrite

Tous les États, ou presque, ont maintenant une Constitution écrite. Sauf exception, les règles constitutionnelles sont fixées non pas par des lois ordinaires, mais par des lois dites « constitutionnelles » établies selon une procédure spéciale et par un pouvoir spécifique, le pouvoir constituant originaire qui statue au nom de la nation. Par conséquent, le pouvoir constituant originaire est supérieur au pouvoir législatif. En outre, la Constitution – sauf exceptions – instaure un organe de révision spécifique qui se prononce généralement selon une procédure originale et par un pouvoir spécifique, le pouvoir constituant dérivé (ou institué) qui est également supérieur au pouvoir législatif (sauf dans le cas [rarissime] de la Constitution « souple », cf. *infra*, p. 45).

Ordinairement, la Constitution est définie par un seul texte fondateur (Constitution du 4 octobre 1958, fondement de la Ve République) ; elle est rarement déterminée par plusieurs lois élaborées en ordre dispersé (les trois Lois constitutionnelles de 1875, fondement de la IIIe République française). Les Constitutions écrites sont de longueur variable ; ainsi, pour la France, la Constitution de l'an III, avec ses 377 articles, n'a vécu que 4 ans (1795-1799), alors que les Lois constitutionnelles (LC) de 1875, code de procédure de 34 articles, ont survécu pendant 65 ans !

b) La Constitution coutumière

La Constitution coutumière est l'ensemble des règles coutumières relatives à la dévolution et à l'exercice du pouvoir.

La coutume constitutionnelle est une règle de droit non écrite qui résulte de précédents concordants auxquels les pouvoirs publics se soumettent. Cette coutume doit répondre à trois conditions : la constance (répétition dans le temps d'un même fait), la continuité (la répétition doit être ininterrompue), la conviction ou « *opinio juris* » (la coutume doit faire l'objet d'un très large consensus et être considérée comme une véritable règle de droit).

Le Royaume-Uni est le seul grand pays doté d'une coutume constitutionnelle et non pas d'un texte fondateur ; toutefois, quelques textes existent, certains très anciens (comme la Grande Charte *[Magna Carta]* de 1215, la Pétition des droits de 1628, l'*Act d'Habeas Corpus* de 1679, le *Bill of Rights* de 1689 consécutif à la Révolution anglaise de 1688, l'*Act of Settlement* de 1701 qui limite le pouvoir royal...), d'autres plus récents (comme les *Parliament Acts* de 1911 et de 1949 qui ont consacré le déclin de la Chambre des Lords..., les *Scotland Act*, *Government of Wales Act* et *Northern Ireland Act* de 1998 qui redonnent – surtout à l'Écosse – leur autonomie aux régions périphériques..., le *Human Rights Act* de 1998 (entré en vigueur le 2 octobre 2000) qui a incorporé la Convention européenne des droits de l'homme dans le droit interne du Royaume-Uni, le *House of Lords Act* de 1999 qui a nettement réduit le droit des pairs héréditaires de siéger à la Chambre des Lords...), le *Constitutional Reform Act* de 2005 qui modifie l'organisation de la Chambre des Lords et instaure l'élection du *Lord Speaker* (président de la chambre haute), le *Government of Wales Act* et le *Northern Ireland Act* de 2006 qui accroissent l'autonomie du Pays de Galles et de l'Irlande. En revanche, les règles essentielles, celles relatives au fonctionnement du système politique britannique sont d'origine coutumière : régime parlementaire, droit de dissolution, responsabilité politique du gouvernement, etc.

c) Le rôle de la coutume dans les États à Constitution écrite

1) La coutume interprétative

La coutume *secundum legem* permet d'éclairer les dispositions constitutionnelles qui sont imprécises ou ambiguës. Sous la Ve République s'est développée une coutume selon laquelle un gouvernement qui n'a pas fait approuver son « programme » (au sens de l'article 49, al. 1er C) peut cependant – par la suite – demander au Parlement une délégation du pouvoir législatif pour l'exécution de son « programme » (au sens de l'article 38 C sur les ordonnances). Cette coutume, et la double interprétation du mot programme, a été consacrée par le Conseil constitutionnel dans sa décision du 12 janvier 1977, *Territoire des Afars et des Issas*.

2) La coutume supplétive

La coutume *praeter legem* comble une lacune du texte. Courtes et imprécises, les LC de 1875 ignoraient l'existence du président du Conseil. Dès 1876, et la pratique sera constante, le chef de gouvernement est apparu avec Dufaure. Sous la Ve République, dans le silence de la Constitution de 1958, le gouvernement en place est tenu de démissionner peu de temps après une élection présidentielle ou des élections législatives.

3) La coutume contraire à la Constitution écrite

Selon la thèse « réaliste », très minoritaire, la coutume peut modifier ou abroger une disposition constitutionnelle écrite et précise ; René Capitant invoquait la souveraineté de la nation qui, lorsqu'elle cesse d'obéir à une règle, l'abroge implicitement. Au contraire, selon la thèse « rigoriste » défendue (depuis R. Carré de Malberg) par la majorité de la doctrine, la coutume ne peut déroger à la Constitution ; sinon, ce serait accorder aux gouvernants le pouvoir de violer la Constitution, de la modifier sans recourir à la procédure de révision ; sinon, ce serait reconnaître à la volonté des dirigeants une autorité supérieure à celle du peuple qui a approuvé la Constitution.

Exceptionnellement, une coutume abrogative se substitue en partie à la Constitution écrite et la révise *de facto*. Pour se différencier de la violation de la Constitution, la coutume doit résulter d'une volonté conjointe des pouvoirs publics, de la majorité et de l'opposition, et non pas d'une manifestation unilatérale de volonté. Ainsi, dès 1879, le président Grévy et les chambres abrogent tacitement le droit de dissolution. De même, sous la IVe République, sont apparues des coutumes *contra legem* ; par exemple, dès janvier 1947, la coutume de la double investiture se manifeste lors de la formation du gouvernement Ramadier ; de plus, alors que l'article 13 C (C, 27 octobre 1946) interdisait le recours à la législation déléguée (cf. *infra*, p. 143), des décrets-lois seront élaborés à partir de 1953, la technique de contournement de l'article 13 C pourtant inventée par la loi André Marie du 17 août 1948 s'étant révélée insuffisante (à savoir l'extension du pouvoir réglementaire par délégalisation de toutes les lois intervenues antérieurement dans un certain nombre de domaines). Mais surtout, sous la Ve République, le président – arbitre au regard de l'article 5 C – devient le chef de l'exécutif (à la place du Premier ministre) lorsque la majorité parlementaire lui est favorable. Cette coutume présidentialiste du régime est unanimement reconnue depuis l'alternance politique de 1981.

d) Les « conventions de la Constitution »

À la frontière de la coutume, les « conventions de la Constitution » (Pierre Avril) peuvent être sources de droit constitutionnel : il en est ainsi lorsque les acteurs du jeu politique passent entre eux des accords pour compléter, préciser, ou même neutraliser la Loi fondamentale. En France, certaines pratiques hors le texte constitutionnel, notamment en droit parlementaire, résultent de conventions. Ainsi, en 1974, le système des « questions au gouvernement » a été établi en marge de la Constitution française par échange de lettres entre le Premier ministre (Jacques Chirac) et le président de l'Assemblée nationale (Edgar Faure). La « convention de la Constitution » se distingue cependant de la coutume puisque le nombre de précédents est indifférent à sa formation. Bien évidemment, le Conseil constitutionnel ne saurait reconnaître la validité de telles pratiques, ce qui explique la constitutionnalisation de certaines conventions à l'occasion de révisions de la Constitution.

À l'origine, les conventions de la Constitution sont une spécificité du droit constitutionnel britannique dont elles sont une source particulière dès le XVIIIe siècle. Mises en évidence par le célèbre constitutionnaliste britannique Albert Venn Dicey (1835-1922) dans *An Introduction to the Study of the Law of the Constitution* (1885), les « *constitutional conventions* » jouent un rôle important dans le système britannique. Ansi, par exemple, découle d'une convention la désignation comme Premier ministre du *leader* du parti qui obtient le plus de sièges à la Chambre des Communes.

■ *Les fonctions exercées par les Constitutions*

a) Déterminer le statut de l'État et des gouvernants

La Constitution a pour fonction de poser les règles du jeu politique et de distribuer les rôles entre les différents acteurs. Elle fixe les principales règles qui régissent l'organisation et le fonctionnement de l'État. Dans un État libéral la Constitution a pour fonction de mettre en œuvre la théorie de la séparation des pouvoirs définie par Montesquieu (cf. *infra*, p. 85). Selon l'auteur de l'ouvrage *De l'Esprit des lois* (1748), chaque fonction exécutive, législative et judiciaire doit être exercée par trois organes différents ; la Loi fondamentale précisera le statut de chacun de ces trois pouvoirs, ainsi que les relations que chacun entretient avec les autres.

b) Définir les relations entre l'État libéral et la société

Les libéraux entendaient non seulement affaiblir le pouvoir en fixant le statut des gouvernants, mais aussi protéger les individus contre les abus du pouvoir.

1) Déclarations des droits et Garanties des droits

À l'imitation des membres de la première Assemblée nationale française qui ont rédigé la Déclaration des droits de l'homme et du citoyen (DDHC) de 1789 (qui renvoie au droit naturel et à Locke), de nombreux constituants ont placé une Déclaration à la tête de leur œuvre.

Les textes de la première génération (fin XVIIIe et XIXe siècles) définissent des ***libertés individuelles***, des ***libertés-virtualités*** ou ***libertés-résistance*** : la liberté individuelle, l'égalité, le droit de propriété, le droit d'entreprendre, la légalité et la proportionnalité des peines, etc. Ces droits et libertés témoignent d'une méfiance envers l'État qui doit s'abstenir d'intervenir (l'État-gendarme).

Les textes de la deuxième génération (XXe siècle, au lendemain de la Seconde Guerre mondiale) définissent des ***droits sociaux*** ou des ***libertés-créances*** : le droit au travail, la liberté syndicale, la protection de la santé, le principe de l'organisation de l'enseignement public, gratuit et laïque, le droit d'asile, etc. Ces droits et libertés témoignent d'une confiance envers l'État, l'État-providence qui doit assurer le plein emploi, la Sécurité sociale, le droit à l'enseignement... Dorénavant, les droits individuels et les droits sociaux se complètent.

En France, la Constitution de 1791 comportait à la fois une Déclaration des droits (celle de 1789), et une Garantie des droits incorporée à la Loi fondamentale. Il en est de même des Constitutions de 1793 et de l'an III (1795). La Constitution de l'an VIII (1799) et les Chartes de 1814 et 1830 ne possèdent qu'une Garantie des droits. La Constitution de 1848 prévoit une Déclaration (Préambule) et une Garantie des droits, celle de 1946 un Préambule, et celle de 1958 renvoie dans un Préambule très court à la DDHC de 1789 et au Préambule de 1946.

À la différence de la France, la plupart des pays ont renoncé aux Déclarations et ne connaissent que des Garanties des droits incorporées à la Constitution : Japon (1946), Italie (1947), Allemagne (1949), notamment, après leur défaite militaire de 1945. Les droits et libertés sont directement intégrés dans le corpus de la Constitution par les États nés du démantèlement de l'URSS, par les

États d'Europe centrale et orientale qui se sont dotés d'une nouvelle Constitution après l'effondrement du marxisme-léninisme (et l'éclatement de l'ancienne Yougoslavie à partir de 1991), enfin par les nombreux États d'Afrique noire engagés dans la voie du constitutionnalisme depuis 1990 (cf. *infra*, p. 170).

Les garanties des droits, et les droits et libertés énoncés dans la Constitution ont bien sûr valeur constitutionnelle, à la différence (semble-t-il) des Déclarations des droits.

Désormais, l'affirmation des droits de l'homme déborde les cadres nationaux : Déclaration universelle des droits de l'homme votée le 10 décembre 1948 par l'Assemblée générale de l'ONU, Convention européenne de sauvegarde des droits de l'homme signée à Rome le 4 novembre 1950, Charte des droits fondamentaux de l'Union européenne proclamée à Nice le 26 février 2001.

2) La valeur juridique des Déclarations des droits

Autrefois, les Déclarations (et notamment le Préambule de 1946) étaient considérées comme des exposés philosophiques et idéologiques dénués de valeur juridique. Or, après avoir préféré s'appuyer sur les principes généraux du droit (principes de valeur *infra*-législative et *supra*-décrétale), principes d'ailleurs souvent inscrits dans la DDHC du 26 août 1789 ou dans le Préambule du 27 octobre 1946, le Conseil d'État n'hésite plus, depuis 1956, à se référer directement au Préambule et à la DDHC, sans passer par l'intermédiaire des principes généraux du droit : arrêt *Amicale des Annamites de Paris* (CE, 11 juillet 1956) à propos de la DDHC, arrêt *Condamine* (CE, 7 juin 1957) à propos du Préambule. Toutefois, pour que la DDHC et le Préambule aient valeur constitutionnelle, encore fallait-il que ces textes fussent consacrés non pas par le juge administratif mais par le juge constitutionnel.

Justement, dans une décision historique du 16 juillet 1971, *Liberté d'association*, le Conseil constitutionnel étend considérablement le bloc de constitutionnalité, bien au-delà des articles de la Constitution ; en effet, il y intègre le Préambule de 1958, le Préambule de 1946 auquel renvoie le Préambule de 1958, la DDHC de 1789 à laquelle renvoie le Préambule de 1958 (ici, l'intégration de la DDHC est implicite, elle sera expresse à partir de la décision CC, 27 décembre 1973, *Taxation d'office*), et les principes fondamentaux reconnus par les lois de la République (PFRLR) auxquels fait référence le Préambule de 1946 (sur la notion de PFRLR, cf. *infra*, p. 58). Cependant, au regard du Préambule de 1958, seules ont valeur constitutionnelle les dispositions de la DDHC de 1789 et du Préambule de 1946 qui consacrent « les droits de l'homme » et « les principes de la souveraineté nationale » ; de plus, ces dispositions doivent être précises et constituer de véritables prescriptions. Or, dans la décision en date du 16 janvier 1982, *Nationalisations I*, la Haute Instance semble avoir estimé que les 17 articles de la DDHC de 1789 avaient valeur constitutionnelle. En revanche, alors qu'il a déjà consacré les dispositions des alinéas n°s 1 à 15 du Préambule de 1946, le Conseil ne pourra jamais reconnaître une valeur constitutionnelle aux trois derniers alinéas (16-17-18) qui, concernant l'Union française, sont devenus sans objet.

Ce renforcement du bloc de constitutionnalité est d'une importance considérable pour les citoyens ; en effet, ce sont le Préambule de 1946, la DDHC de 1789 et les PFRLR qui affirment des droits et libertés, tandis que les articles de la Constitution énoncent essentiellement des règles relatives à l'organisation et au fonctionnement des pouvoirs publics, et – très accessoirement – quelques droits fondamentaux.

c) Fixer les objectifs idéologiques de certains États

Les Constitutions assignent la réalisation d'objectifs idéologiques dans plusieurs États du Tiers-Monde (objectifs de développement économique et, parfois, de construction du socialisme), dans les États marxistes (mise en œuvre de la pensée de Mao Tsé-Toung [Mao Zedong] et modernisation de l'économie, Constitution chinoise de 1982, ou construction d'une société communiste sans classe, Constitution de l'URSS de 1977), et dans les États fascistes.

2 L'élaboration et la révision des Constitutions

L'établissement des Constitutions

a) La notion de pouvoir constituant « originaire »

Le pouvoir constituant originaire a pour objet de doter l'État d'un texte constitutionnel, l'ordre juridique ancien ayant disparu ou étant devenu caduc. Cette situation peut survenir en diverses circonstances : l'apparition d'un nouvel État sur un territoire (indépendance des anciennes colonies françaises et britanniques), la réunion de plusieurs États en un seul (naissance d'un État fédéral par association), le démantèlement d'un État (éclatement de l'URSS en 15 États), la succession de régimes dans un même État (États d'Europe centrale et orientale à la suite de l'effondrement du marxisme-léninisme, 1989-1990 ; défaites militaires de l'Italie, de l'Allemagne, du Japon en 1945 ; Révolution de 1848 en France et instauration de la IIe République).

La mutabilité constitutionnelle est parfois extrême, surtout en France (18 Constitutions en 216 ans) ; en revanche, aux États-Unis, État fédéral, le centre n'a connu qu'une seule Constitution (celle de 1787) alors que la périphérie en a éprouvé de nombreuses (une dizaine pour la Louisiane, par exemple).

b) La mise en œuvre du pouvoir constituant originaire

1) Les procédés non démocratiques

- La ***technique de l'octroi :*** le titulaire du pouvoir accorde de sa seule volonté une Constitution à son peuple ou à ses sujets (France, Charte du 4 juin 1814).
- La ***technique du pacte constituant :*** la technique du contrat est fréquente dans les monarchies constitutionnelles (Charte du 14 août 1830 négociée par Louis Adolphe Thiers, au nom des parlementaires, et le futur roi des Français Louis-Philippe d'Orléans).
- La ***Constitution imposée directement à la population :*** la Constitution égyptienne de 1956 présentée au peuple par le colonel Nasser.
- L'***appel au peuple de façon fictive :*** appel au peuple pour accorder un blanc-seing populaire aux rédacteurs de la Constitution (France, 1852), ou pour ratifier une Constitution élaborée secrètement par un groupe désigné par l'autorité qui exerce provisoirement le pouvoir (France, an VIII).

2) Les procédés démocratiques

- L'ÉLECTION D'UNE ASSEMBLÉE CONSTITUANTE

L'assemblée élue est une « assemblée constituante *ad hoc* » dont la mission se limite à élaborer une Constitution (Convention de Philadelphie, États-Unis, 1787), ou une « assemblée constituante et législative » qui a pour mission non seulement de rédiger la Constitution mais aussi de voter les lois ordinaires (dont le budget) et d'organiser un gouvernement (solution traditionnellement retenue en France, Assemblée nationale de 1789 ; Convention de 1792 ; Assemblées nationales de 1848 et 1871 ; Assemblées nationales élues en 1945, puis 1946).

L'assemblée constituante « souveraine » rédige et approuve la Constitution sans l'intervention du peuple (France, C, 1791, 1848, LC de 1875). L'assemblée constituante « limitée » prépare un projet soumis ensuite à la ratification populaire au moyen du référendum (mai et octobre 1946).

La Constitution française de 1946 a été élaborée sur un mode particulièrement démocratique : la LC référendaire du 2 novembre 1945 a limité dans son objet et dans le temps la compétence de l'assemblée constituante. L'assemblée élue a rédigé un premier projet (du 19 avril 1946) qui a été repoussé par référendum le 5 mai 1946 ; la nouvelle assemblée élue a confectionné un second projet (du 29 septembre 1946) approuvé par référendum le 13 octobre 1946.

• L'INTERVENTION DÉMOCRATIQUE DU POUVOIR EXÉCUTIF

En certaines circonstances, le pouvoir exécutif se fait reconnaître démocratiquement le droit de rédiger le texte constitutionnel, à charge de solliciter certains avis, et surtout de soumettre le projet à ratification populaire, par la voie du référendum.

Ainsi, en 1958, le gouvernement du général de Gaulle élabore un avant-projet conforme aux cinq principes posés par la LC du 3 juin 1958 (loi parlementaire), puis recueille les avis du Conseil d'État et du Comité consultatif constitutionnel (organe spécialement créé et composé pour deux tiers de parlementaires). Le gouvernement adopte le projet et le soumet à la ratification populaire.

La révision des Constitutions

a) La notion de pouvoir constituant « dérivé » ou « institué »

Les auteurs de la Constitution ont prévu dans le texte même les formes et les mécanismes à respecter pour réviser la Loi fondamentale. Le pouvoir constituant dérivé est donc subordonné au pouvoir constituant originaire. En réalité, cette subordination est toute relative, le pouvoir constituant dérivé n'étant pas un pouvoir d'une autre nature que le pouvoir constituant initial (Georges Vedel, 1910-2002). D'ailleurs, en refusant d'exercer un contrôle sur les lois constitutionnelles (CC, 26 mars 2003, *Organisation décentralisée de la République*), le Conseil constitutionnel français confirme la souveraineté absolue du constituant, et rejette toute distinction entre le pouvoir constituant originaire et le pouvoir constituant dérivé. Déjà, en dépit de l'opinion émise par plusieurs auteurs, dans sa décision du 2 septembre 1992, *Maastricht II*, la Haute Instance avait bien affirmé la souveraineté du « pouvoir constituant dérivé » : celui-ci, par des dispositions nouvelles, peut donc apporter des dérogations – aussi bien expresses qu'implicites – à des règles ou à des principes de valeur constitutionnelle. À la différence de la Cour suprême des États-Unis dans les années 1880 (cf. *infra*, pp. 50 et 117), le Conseil constitutionnel s'est ainsi refusé à consacrer la thèse de la « supraconstitutionnalité » défendue par certains auteurs, à savoir l'existence de normes « supérieures » à la Constitution et « extérieures » au système juridique.

Certaines révisions sont « *capitales* », d'autres « *latérales* ». Les premières (capitales) ont pour objet de modifier la nature du régime (loi référendaire de valeur constitutionnelle du 6 novembre 1962 sur l'élection du président de la République française au suffrage universel direct), ou créer un dispositif anticohabitation en France (LC du 2 octobre 2000 sur le quinquennat), ou renforcer l'État de droit (LC du 29 octobre 1974 sur la saisine du CC français par 60 députés ou 60 sénateurs dans le cadre du contrôle de la constitutionnalité des lois ordinaires). Les secondes (latérales) sont destinées à combler des lacunes ou corriger des imperfections techniques (LC du 7 décembre 1954 qui a supprimé la coutume constitutionnelle française de la double investiture, LC du 18 juin 1976 qui complète l'article 7 C à propos du décès ou de l'empêchement d'un candidat à l'élection présidentielle en France).

b) La distinction entre les Constitutions « souples » et les Constitutions « rigides »

- La Constitution est « *souple* » lorsque la Loi fondamentale ne prévoit pas de règles particulières pour sa modification. La Constitution est alors révisée par les organes compétents et selon la procédure prévue pour l'élaboration des lois ordinaires. Les Constitutions coutumières sont presque toujours souples, alors que les Constitutions écrites ne le sont qu'exceptionnellement (Chartes de 1814 et de 1830, France ; *lo Statuto* de 1861, Italie ; et, actuellement, les Constitutions de la Chine, de la Nouvelle-Zélande, d'Israël). La Constitution écrite, quand elle est souple, est purement matérielle et se situe alors au même niveau que les lois ordinaires dans la hiérarchie des normes.
- La Constitution est « *rigide* » quand sa révision s'opère selon une procédure supérieure à celle utilisée pour élaborer les lois ordinaires. Par rapport à la procédure législative ordinaire, l'organe compétent est distinct (par exemple les deux chambres réunies en congrès) et (le plus souvent) les modalités d'adoption du texte sont différentes (vote à la majorité des deux tiers des parlementaires ou – et – référendum de ratification). En réalité, la Constitution est plus ou moins rigide, en fonction de la complexité de la procédure de révision. Ainsi, la révision des LC de 1875 était facile, alors que la révision est difficile sous la Ve République (art. 89 C). De même, généralement, la révision est difficile dans l'État fédéral ; c'est notamment le cas aux États-Unis : la Constitution peut être révisée soit sur l'initiative du Congrès par le vote des deux tiers des membres de chacune des deux chambres, soit sur l'initiative des Législatures (ou Parlements) des deux tiers des États, par une convention spécialement élue à cet effet, et (dans les deux cas) les amendements adoptés doivent être ratifiés par les trois quarts des États (donc 38) dans un délai désormais limité à sept ans par chaque amendement.

c) Les modes d'exercice du pouvoir constituant dérivé (Constitutions rigides)

1) Les organes

1re hypothèse : des représentants sont élus spécialement pour réviser la Constitution, à moins que les parlementaires (siégeant dans une formation distincte de celle prévue pour le vote des lois ordinaires) soient chargés de réviser la Loi fondamentale.

2e hypothèse : outre les représentants élus, le peuple est susceptible d'intervenir, au stade de l'initiative ou de la ratification (référendum).

3e hypothèse : dans l'État fédéral, les États membres sont généralement amenés à se prononcer par l'intermédiaire de leurs assemblées.

2) Les procédures

- ***L'initiative du projet ou de la proposition de révision*** appartient le plus souvent aux organes exécutifs et au Parlement. Le peuple possède rarement le droit d'initiative (demande de 100 000 citoyens en Suisse). Exceptionnellement, l'initiative appartient uniquement au pouvoir exécutif (France, C, 21 mai 1870) ou exclusivement au pouvoir législatif (France, C, 1791, 1795, 1848).
- ***La décision*** est prise soit par une convention spécialement élue, soit par les assemblées parlementaires siégeant en congrès, et se prononçant à une majorité qualifiée (des 2/3 ou 3/5). Parfois, la révision est soumise à ratification populaire, par la voie du référendum.

3) Les règles de fond

Le pouvoir constituant originaire limite généralement les interventions du pouvoir constituant dérivé. Ainsi, la Constitution de 1958 prévoit une interdiction matérielle (la forme républicaine du gouvernement ne peut pas être modifiée), une interdiction circonstancielle (quand il est porté atteinte à l'intégrité du territoire), et deux interdictions temporaires (pendant l'intérim de la présidence de la République, et pendant la durée d'application de l'article 16 C sur les pouvoirs de crise du chef de l'État). Des règles comparables sont en vigueur en Espagne (art. 169 C) et en Belgique (art. 196 et 197 C).

3 La protection de la Constitution contre l'exécutif

Des sanctions politiques inorganisées

Certaines Lois fondamentales, notamment les premières Constitutions françaises, reconnaissent au profit des citoyens opprimés un droit de résistance à l'oppression, et même un droit à l'insurrection. Laissée à l'initiative des citoyens, cette sanction n'est pas organisée : elle constitue un message idéologique sans portée juridique.

■ *Des sanctions juridiques organisées*

a) Les sanctions juridiques contre les auteurs de l'acte

La coutume britannique et la Constitution américaine de 1787 ont inventé la procédure d'*impeachment*. Elle consiste dans la mise en accusation des personnalités incriminées devant une Haute Cour de Justice (soit une des chambres du Parlement, soit un organe autonome et spécialement créé à cet effet, soit la juridiction suprême ordinaire de l'État). En France, une procédure similaire a été mise en place par la loi constitutionnelle n° 2007-238 du 23 février 2007 portant réforme du statut pénal du président de la République : adoption par chacune des deux assemblées du Parlement d'une proposition de réunion de la Haute Cour, puis décision éventuelle de destituer le président prise par la Haute Cour formée par la réunion des deux chambres.

Une procédure comparable est applicable au chef de l'État dans plusieurs démocraties libérales occidentales et dans certains États post-communistes, notamment. En l'occurrence, la plupart des Constitutions républicaines prévoient une responsabilité pénale (ou politico-judiciaire) pour les actes du président pris dans l'exercice de ses fonctions en violation de la Constitution (Allemagne, Autriche, Italie, Grèce) ou en cas de « haute trahison » (Finlande, Italie, Grèce), dont le non-respect de la Constitution est un élément constitutif. Ainsi, par exemple, une fois la motion de mise en accusation adoptée par les deux chambres réunies (Italie) ou par chacune séparément (Allemagne), le chef de l'État peut être traduit devant la Cour constitutionnelle italienne, devant le Tribunal constitutionnel de Karlsruhe. Cette sanction paraît illusoire, la procédure est rarement mise en œuvre (Bill Clinton ayant cependant été victime d'un détournement de cette procédure, cf. *infra* p. 114, alors que Boris Eltsine a évité une mise en accusation, cf. *infra* p. 168) ; de plus, la destitution est très rarement prononcée (exemple du président Fernando Collor de Melo, Brésil, 1992, cependant que le président Joseph Estrada a dû démissionner sous la pression de l'armée après l'ajournement de son procès en destitution pour corruption, Philippines, 2001).

Dans certains pays, les ministres peuvent être traduits devant des juridictions ordinaires (Allemagne, Italie), ou devant une juridiction spéciale (en France la Haute Cour de Justice jusqu'en 1993, et désormais la Cour de Justice de la République), pour des crimes ou délits commis dans l'exercice de leurs fonctions.

b) La sanction juridique contre les actes de l'exécutif

Dans la plupart des pays, il existe un contrôle de constitutionnalité à l'égard des règlements, c'est-à-dire des actes de l'exécutif à portée générale et impersonnelle. Dans certains pays comme l'Allemagne, l'Autriche, et désormais dans la majorité des États post-communistes, ce contrôle peut être exercé par les Cours constitutionnelles ; dans les pays anglo-saxons, ce contrôle est assuré par les juridictions judiciaires.

En France, le Conseil d'État – donc le juge administratif – se livre à un contrôle approfondi sur les décrets présidentiels, sur les décrets du Premier ministre, et il annule les actes qu'il estime contraires à la Constitution ; la Haute juridiction vérifie en effet que le règlement autonome respecte la Constitution (et les principes généraux du droit) ; en revanche, s'agissant des règlements dérivés (décrets d'application des lois), le Conseil d'État – qui ne peut exercer un contrôle de la constitutionnalité des lois – se bornera à contrôler la conformité de l'acte à la loi et aux principes généraux du droit, sans vérifier sa conformité à la Constitution, une « loi-écran » s'interposant entre le règlement et la Constitution : censurer l'acte administratif pour non conformité à la Constitution correspondrait, en effet, à dénoncer implicitement l'inconstitutionnalité de cette loi (sur la distinction entre le règlement autonome et le règlement dérivé, cf. *infra*, p. 95). Toutefois, comme le montre – notamment – l'arrêt *Quintin* du 17 mai 1991, le Conseil d'État n'hésite pas à contrôler la constitutionnalité du règlement d'application quand l'autorité réglementaire a reçu de la loi la mission de prendre un certain nombre de mesures sans que lui soient données d'indications sur leur contenu : ici, « l'écran législatif » sera dit « transparent », ce qui constitue une exception à l'application de la théorie de la « loi-écran ».

4 Le contrôle de la constitutionnalité des lois

Le juge exerce un contrôle de la constitutionnalité « *externe* » : il sanctionne le non-respect des procédures d'élaboration de la loi fixées par la Constitution. Il exerce aussi un contrôle de la constitutionnalité « *interne* » : il sanctionne la violation des règles de fond posées par la Loi fondamentale.

Le débat théorique sur la nécessité d'établir un tel contrôle

Le contrôle de la constitutionnalité des lois est apparu aux États-Unis, dès le 24 février 1803 et de façon empirique (contrôle non mentionné par la Constitution), à l'initiative du *Chief Justice* Marshall et à l'occasion de la célèbre affaire *Marbury v. Madison*. Un contrôle de la constitutionnalité des lois est aujourd'hui exercé dans de nombreux pays : la majorité des États latino-américains, États de l'Union européenne (sauf – principalement – le Royaume-Uni, les Pays-Bas, la Suède, la Finlande), la plupart des pays de la CEI, presque tous les pays de l'Europe centrale, orientale et balte, la quasi-totalité des États d'Afrique noire francophone.

En France, il a fallu attendre 1958 (et 1971 avec l'élargissement du bloc de constitutionnalité, cf. *supra*, p. 41) pour que le « principe de constitutionnalité » (Charles Eisenmann, 1903-1980) l'emporte enfin sur le principe de légalité, et donc sur le « légicentrisme » (Louis Favoreu, 1936-2004).

a) Un contrôle illégitime (critique non pertinente)

Les opposants au contrôle invoquent son caractère illégitime car la loi ordinaire, œuvre d'assemblées élues et représentatives, est l'expression de la volonté générale. Cette thèse doit être rejetée car elle aboutit à une sacralisation de la loi (ordinaire) qui remet en cause la hiérarchie des normes et, finalement, la primauté de la Constitution. De plus, dans la plupart des États, et notamment en France, plus de 90 % des lois sont d'origine gouvernementale (projets de loi) : il serait paradoxal de soumettre le gouvernement à un contrôle de constitutionnalité quand il prend des règlements, et de l'en exonérer lorsqu'il fait voter ses projets de loi par sa majorité parlementaire. Enfin, le contrôle de constitutionnalité permet de protéger la Constitution contre des majorités parlementaires de circonstance qui risqueraient d'être oppressives : un tel contrôle garantit donc la démocratie pluraliste, et assure l'égalité des citoyens et la protection des minorités.

La justice constitutionnelle, bien que les juges ne soient pas élus, bénéficie d'une véritable légitimité démocratique. Ainsi, pour l'école « positiviste », le rôle du juge constitutionnel est compatible avec le principe démocratique car le contrôle de constitutionnalité se fonde sur le droit positif créé par les représentants de la nation. De même, pour l'école « du droit naturel » (ou « jus-naturaliste »), ce contrôle est légitime car il oblige le législateur à respecter les droits naturels et imprescriptibles de l'homme.

b) Un contrôle inefficace (critique obsolète)

Les opposants au contrôle invoquent son inutilité car les droits fondamentaux sont généralement ignorés de la Constitution, qui traite essentiellement de l'organisation et du fonctionnement des pouvoirs publics. Cette thèse est désormais anachronique, de nombreux États introduisant dorénavant les droits et libertés dans le corpus même de leur Constitution (cf. *supra*, p. 40) ; certes, ce n'est pas le cas de la France mais, depuis 1971, le Conseil constitutionnel a intégré dans le bloc de constitutionnalité des textes qui énoncent un grand nombre de droits et libertés (cf. *supra*, p. 41).

L'établissement d'un contrôle de constitutionnalité est d'une grande utilité ; il contribue, en effet, à renforcer à la fois l'État de droit et la démocratie : voilà pourquoi, dans les anciennes démocraties populaires, la création d'une Cour constitutionnelle chargée de contrôler la constitutionnalité des lois a souvent été l'une des principales préoccupations du constituant dans les années 1990, après l'effrondrement du marxisme-léninisme. Toutefois, cette affirmation du lien « contrôle de constitutionnalité / État de droit / démocratie » doit être nuancée ; en effet, certains pays de l'Union européenne, tels le Royaume-Uni, les Pays-Bas, la Suède, la Finlande... ignorent le contrôle de la constitutionnalité des lois et sont pourtant de magnifiques démocraties ; réciproquement, en Afrique noire francophone par exemple, hormis le Bénin, le Sénégal, le Mali et Madagascar principalement, les pays africains qui connaissent le contrôle de constitutionnalité ne sont assurément pas des modèles de démocratie, et la Cour constitutionnelle elle-même ne parvient ni à s'affirmer face au pouvoir exécutif, ni à s'affranchir d'une logique partisane.

c) Un contrôle dangereux : le (prétendu) risque du « gouvernement des juges »

Les opposants au contrôle reprennent l'expression inventée par le juge américain Walter Clarck en 1914 *(Government by judges)*, expression introduite en France dès 1921 par le professeur Édouard Lambert qui a montré que les neuf juges de la Cour suprême des États-Unis avaient substitué (de 1880 à 1937) leur propre éthique, leurs propres conceptions politiques, morales et philosophiques à celles du Congrès. Dans les années 1880, les neuf juges – au lieu de se limiter au contrôle de la constitutionnalité des lois – ont même tenté d'étendre leur contrôle jusqu'aux amendements de la Constitution ! Le juge constitutionnel américain s'est donc érigé en supérieur et en censeur du pouvoir constituant dérivé, la Cour suprême estimant qu'il existait des principes supérieurs qui relèvent du droit naturel, principes auxquels la Loi fondamentale elle-même doit se conformer (thèse de la supraconstitutionnalité). Dorénavant, la critique du « gouvernement des juges » n'est plus fondée, comme le montre l'étude de la jurisprudence de la Cour suprême depuis 1937, et celle des Cours constitutionnelles en Allemagne, en Italie, en Espagne, au Portugal, en Autriche, en Belgique, etc. D'ailleurs, dans ces différents pays, le juge constitutionnel ne se livre pas à un contrôle de l'opportunité mais de la constitutionnalité. En France même, la jurisprudence du Conseil constitutionnel se caractérise par sa cohérence et sa continuité, quelle que soit la majorité politique au pouvoir. Le Conseil ne s'est jamais érigé en gouvernement des juges, même lorsqu'il a consacré (d'ailleurs avec prudence, tact et mesure) plusieurs PFRLR.

Actuellement, seule la soumission des lois constitutionnelles de révision à la « supraconstitutionnalité », cette « idée ahurissante » (G. Vedel), présente un risque de « gouvernement des juges ». Défendue par les jusnaturalistes, cette théorie tend à considérer qu'il existe des règles qui s'imposent au pouvoir constituant. Certaines règles ou principes auraient donc une valeur supérieure au contenu de la Constitution et, finalement, selon le postulat jusnaturaliste il y aurait « un droit au-dessus du droit » !. Rejetée par les positivistes, cette théorie a été repoussée en France par le Conseil constitutionnel qui a reconnu la souveraineté absolue du pouvoir constituant dérivé (CC, *Maastricht II*, 2 septembre 1992), et s'est refusé à exercer un contrôle sur les lois constitutionnelles, lois de souveraineté (CC, 26 mars 2003, *Organisation décentralisée de la République*). Au contraire, en Allemagne (décision *Bverf*, 15 décembre 1970), en Italie (arrêt n° 1146 de 1988), en Autriche (décision G 12/00 du 10 octobre 2001) et en Inde (décision *Kesavananda Bharati* de 1973), la Cour constitutionnelle a accepté de contrôler les lois de révision constitutionnelle. Or, dans aucun de ces quatre pays la Cour constitutionnelle ne s'est transformée en « gouvernement des juges » ; au demeurant, ces Cours constitutionnelles se montrent très prudentes, notamment la Cour de

Karlsruhe en Allemagne (arrêt *Bodenreform I* du 23 avril 1991), la Cour suprême de l'Inde (décision précitée, *Kesavananda Bharati*), et ce sont uniquement des particularismes locaux qui expliquent la soumission de la loi à la supraconstitutionnalité : l'esprit même de la Constitution et le contexte politique dans lequel elle a été élaborée (Allemagne), les spécificités de l'ordre juridique comme l'existence d'une hiérarchie dans les révisions constitutionnelles (Autriche), le contexte post-fasciste dans lequel la Constitution a été rédigée (Italie), le fait que les juridictions de *Common Law* n'interprètent jamais leurs compétences de manière restrictive (Cour suprême de l'Inde).

d) La résistance de la France à l'établissement d'un contrôle de la constitutionnalité des lois

Le conventionnel Antoine Claire Thibaudeau (1765-1854) considérait le contrôle de constitutionnalité des lois comme un « pouvoir monstrueux » ; il était difficile pour les (premiers) constituants de 1791 – animés d'une idée très stricte de séparation des pouvoirs – d'admettre un tel contrôle, d'autant plus que la loi des 16-24 août 1790 (en réaction contre le pouvoir des Parlements [juridictions] de l'Ancien Régime) interdisait toute immixtion du juge aussi bien dans le pouvoir législatif que dans le pouvoir exécutif.

Héritières de l'époque révolutionnaire, les critiques en France sont surtout relatives à l'illégitimité et à la dangerosité du contrôle. Ces critiques expliquent qu'il n'y ait jamais eu de véritable contrôle de constitutionnalité des lois en France avant la Ve République. Les tentatives antérieures ont échoué ; le contrôle de constitutionnalité établi par les Constitutions de l'an VIII (1799) et de 1852 a été confié à un organe politique (le Sénat) qui était sous la dépendance de l'exécutif ; le Comité constitutionnel établi en 1946 était un organe politique, sa saisine était limitée, et la Constitution semblait soumise à la loi, l'article 91 C précisant que le Comité « examine si les lois votées par l'Assemblée nationale supposent une révision de la Constitution ».

D'ailleurs, en 1958, le Conseil constitutionnel a été surtout créé pour assurer la police des frontières normatives entre la loi (art. 34 C) et le règlement autonome (art. 37 C). Le constituant n'aurait sans doute pas instauré de contrôle de constitutionnalité des lois s'il avait prévu que la Cour de la rue Montpensier se transformerait en véritable Cour constitutionnelle, aprés avoir considérablement renforcé le bloc de constitutionnalité dans sa célèbrissime décision *Liberté d'association* du 16 juillet 1971 ! Du reste, la majorité au pouvoir (de droite comme de gauche...) n'hésite pas à vivement critiquer certaines décisions du Conseil, notamment en 1982 (gouvernement Mauroy), en 1986 (gouvernement Chirac), en 1993 (gouvernement Balladur), et de 2000 à 2002 (gouvernement Jospin), cependant que les partis d'extrême gauche sont hostiles à tout contrôle de constitutionnalité des lois, arguant de son illégitimité. Toutefois, depuis l'alternance politique de 2002 au profit de la droite, les critiques contre les décisions des juges constitutionnels ont quasiment disparu ; et surtout, initiée par le président Sarkozy, l'importante loi constitutionnelle du 23 juillet 2008 a instauré un contrôle de la constitutionnalité des lois par voie « d'exception », ou plus précisément par voie de « question préjudicielle » (cf. *infra*, p. 56).

De toute manière, en France comme à l'étranger (exemple des USA, cf. *infra*, p. 117), il suffit que « l'État paraisse en majesté » (G. Vedel), c'est-à-dire en tant que constituant dérivé, pour briser les arrêts de la Cour constitutionnelle et reconquérir la souveraineté qu'il tient du peuple ; ainsi, en France, la décision du Conseil constitutionnel en date des 12-13 août 1993, *Maîtrise de l'immigration*, a été surmontée par la LC du 25 novembre 1993 sur le droit d'asile (art. 53-1 C) ; le même constituant dérivé français a également tenu un lit de justice pour briser la décision du 18 novembre 1982, *Quota féminin* (ou *Quotas par sexe I*) et celle du 14 janvier 1999, *Quotas par sexe II* (*cf.* la LC n° 99-569 du 8 juillet 1999 [art. 3 al. 5 C] sur l'égal accès des hommes et des femmes aux mandats électoraux et aux fonctions électives).

■ *Les modes d'exercice du contrôle*

a) Le choix de l'organe de contrôle

1) Le contrôle par un organe politique

Le recours à un organe politique est très contestable, que le contrôle soit *a priori* (contrôle préventif, sur une loi en instance de promulgation), ou *a posteriori* (contrôle répressif, sur une loi déjà promulguée). Une assemblée composée de membres nommés manquera d'indépendance, et une assemblée composée de membres élus concurrencera l'action du Parlement.

2) Le contrôle par un organe juridictionnel

Cet organe juridictionnel sera le plus souvent une Cour constitutionnelle non intégrée dans la hiérarchie judiciaire ; exceptionnellement, le contrôle sera exercé par des juridictions habituelles, et le procès mettant en cause la constitutionnalité d'une loi, en raison de l'importance de l'enjeu, remontera jusqu'à la Cour suprême, qui est située au sommet de la hiérarchie judiciaire (États-Unis, et pays latino-américains qui n'ont pas créé de Cours constitutionnelles spécialisées).

L'intervention d'un organe juridictionnel paraît indispensable ; en effet, la procédure juridictionnelle est celle qui offre le plus de garanties, à condition que l'indépendance des juges soit assurée. Or, le recrutement des juges constitutionnels obéit souvent à des considérations politiques ; les juges seront tous élus par les deux chambres en Allemagne, par la *Diète* (chambre basse) en Pologne et en Hongrie (et dans la plupart des pays post-communistes) ; ils sont parfois désignés par plusieurs autorités politiques (France et pays d'Afrique noire francophone) : le président de la République et les présidents des assemblées (France). Les juges constitutionnels sont quelquefois choisis par des autorités politiques et des autorités juridictionnelles, notamment en Italie (5 par le président de la République, 5 par le Parlement, et les 5 autres membres par le Conseil d'État et la Cour de cassation), en Espagne (4 par chacune des deux chambres, 2 par le gouvernement, 2 par le Conseil général du Pouvoir judiciaire)... Aux États-Unis, les 9 membres de la Cour suprême sont nommés à vie par le président, après confirmation du Sénat. En dépit de ces types de désignation, les juges constitutionnels respectent leur devoir d'ingratitude à l'égard de l'autorité qui les a nommés ou élus, d'autant plus qu'ils bénéficient d'un statut comparable à celui des magistrats, ou d'un statut susceptible de leur conférer une réelle indépendance (mandat non renouvelable, mandat de longue durée, interdiction d'exercer une autre fonction publique, nominative ou élective). Dans certaines Cours constitutionnelles (Allemagne, Espagne, Hongrie, Portugal...), les juges minoritaires peuvent exprimer leur point de vue particulier par la publication « d'opinions séparées », « d'opinions concurrentes », « d'opinions dissidentes ».

Composition de l'organe de contrôle en France

(nomination des 9 membres du Conseil constitutionnel pour un mandat unique de 9 ans, avec renouvellement par tiers tous les 3 ans)

	Autorités de nomination		
Dates de nomination	**Président de la République**	**Président du Sénat**	**Président de l'Assemblée nationale**
Février 2001	Olivier Dutheillet de Lamothe	Mme Dominique Schnapper	Pierre Joxe
Février 2004	Pierre Steinmetz	Jaqueline de Guillenchmidt	Jean-Louis Pezant
Février 2007	Jean-Louis Debré	Renaud Denoix de Saint-Marc	Guy Canivet

N.B. : le Conseil constitutionnel est présidé par Jean-Louis Debré qui a été nommé à la tête de la Haute Instance par Jacques Chirac lors du renouvellement de février 2007, succédant ainsi à Pierre Mazeaud dont le mandat a pris fin (J.-L. Debré a donc quitté l'Hôtel de Lassay [où réside le président de l'Assemblée nationale] pour le pavillon Montpensier). Bien que les anciens présidents de la République soient membres de droit et à vie du Conseil constitutionnel, Valéry Giscard d'Estaing s'était toujours abstenu d'y siéger, ses activités politiques étant en contradiction avec la qualité de membre de l'Institution. Or, depuis qu'il ne détient plus aucun mandat électif (mars 2004), V. Giscard d'Estaing a décidé de participer aux travaux de la Haute Instance : d'abord épisodiquement, ensuite de façon régulière à partir d'août 2007, il siège depuis le 10 juin 2004 au côté des neuf juges constitutionnels (désormais dix avec V. Giscard d'Estaing, puis onze avec l'ancien président Chirac qui participe aux travaux du Conseil depuis le 15 novembre 2007). Les juges constitutionnels qui siègent actuellement ont tous une formation de juriste (sauf Mme D. Schnapper), certains ont exercé comme magistrats ou avocats, et leur moyenne d'âge est de 65 ans environ. J.-L. Debré et P. Joxe ont eu des responsabilités politiques importantes. Depuis le renouvellement de 2007, tous les juges sauf un (P. Joxe en 2001) ont été nommés par des personnalités de droite. Manifeste dès le renouvellement de 2001, cette nette orientation à droite (7/9 contre 8/9 désormais) du Conseil constitutionnel n'a pas eu d'influence sur sa jurisprudence (cf. notre ouvrage, *L'essentiel du droit constitutionnel* ; tome 2, *Les institutions de la Ve République*, Gualino éditeur, 8e éd., 2008).

b) La saisine de l'organe de contrôle

1) La saisine réservée aux seules autorités politiques

La saisine est généralement réservée aux seules autorités politiques lorsque le contrôle s'exerce par voie d'action : le chef de l'État, le chef du gouvernement, une minorité parlementaire, la chambre haute, les collectivités décentralisées... En France, la saisine est confiée au président de la République, au Premier ministre, aux présidents des assemblées et, depuis la LC du 29 octobre 1974, à 60 députés ou 60 sénateurs. Il est essentiel, comme en France, que l'opposition puisse saisir la Cour constitutionnelle ; par ailleurs, s'agissant toujours de la France, cette saisine n'est plus réservée aux seules autorités politiques depuis la LC du 23 juillet 2008 qui prévoit la saisine indirecte du Conseil constitutionnel par les citoyens au moyen de l'exception d'inconstitutionnalité (cf. *infra*, p. 56).

2) La saisine ouverte aux autorités politiques, aux citoyens et aux tribunaux

L'intervention des citoyens est très intéressante lorsque la Constitution énonce des droits fondamentaux (ce qui est souvent le cas désormais). La saisine (indirecte) est ouverte aux citoyens par « voie d'exception » (États-Unis, Italie, Allemagne, Portugal, Hongrie, Pologne, Roumanie, Russie, Bénin, Niger, Côte d'Ivoire, Tchad... [et désormais en France]). La saisine par « voie d'action » (saisine donc directe) est rarement ouverte aux citoyens (Allemagne, Autriche, Belgique depuis 1989) : cette saisine directe par les citoyens est généralement limitée à ceux qui justifient d'un intérêt, l'*actio popularis* (donc de tout citoyen et sans intérêt pour agir) restant exceptionnelle. D'ailleurs, cette action en inconstitutionnalité par voie d'action et à l'initiative des citoyens est habituellement soumise à des conditions très strictes, afin d'éviter l'encombrement de la Cour constitutionnelle (épuisement des voies de recours devant les tribunaux, mise en cause par la loi de droits fondamentaux pour les citoyens, brièveté du délai de saisine après la promulgation de la loi). L'intervention des tribunaux (autosaisine ou saisine d'office) s'exerce par voie d'action lorsqu'ils rencontrent, au cours d'un procès, une difficulté qui pose le problème de la conformité de la loi à la Constitution.

c) La procédure

Plusieurs démocraties d'Europe occidentale, la majorité des pays d'Amérique latine, certains pays d'Afrique noire, et plusieurs pays post-communistes cumulent le contrôle par voie d'action et le contrôle par voie d'exception. En revanche, les États-Unis ne connaissent que le contrôle par voie d'exception, cependant que quelques pays d'Afrique noire francophone n'exercent que le contrôle par voie d'action (et pendant la période de promulgation de la loi).

1) Le contrôle par voie d'action

Le contrôle par voie d'action est un recours objectif, un procès fait à la loi, le saisissant demandant à la Cour constitutionnelle d'annuler la loi (contrôle *a posteriori*) ou de la censurer (contrôle *a priori*) pour inconstitutionnalité. Ce contrôle est dit « abstrait » ou « objectif » car le litige soumis à la Cour constitutionnelle ne résulte pas d'une confrontation classique entre deux parties à un procès et ne suppose pas la résolution d'un litige particulier antérieur.

Le contrôle « *a posteriori* » (contrôle répressif), par voie de recours direct, porte sur une loi déjà promulguée ; la loi déclarée contraire à la Constitution est censée n'avoir jamais existé, et l'annulation vaut *erga omnes*, tous les citoyens en bénéficiant. Ce contrôle est particulièrement énergique. Généralement, la Cour doit être saisie dans un délai assez bref après la promulgation de la loi (un mois en Italie, trois mois en Espagne), et – en général – seulement par certaines autorités.

Le contrôle « *a priori* » (contrôle préventif), par voie de recours direct, porte sur une loi en instance de promulgation, et seules quelques autorités politiques peuvent saisir la juridiction constitutionnelle : France (pour l'ensemble des lois), Allemagne (pour les lois d'approbation d'un traité), Portugal (pour les lois organiques).

2) Le contrôle par voie d'exception

La saisine par voie d'exception (contrôle toujours *a posteriori*) suppose qu'au cours d'une instance le plaideur – à l'encontre duquel une loi est invoquée – demande au tribunal de ne pas faire application de cette loi, le requérant estimant qu'elle est contraire à la Constitution. Le justiciable soulève ainsi l'exception d'inconstitutionnalité ; il ne s'agit donc pas d'une demande d'annulation de la loi.

Ce procédé est plus souple que le contrôle par voie d'action, il est moins désobligeant pour le législateur, et épargne la susceptibilité des parlementaires : certes, le juge écartera l'application de la loi s'il l'estime contraire à la Constitution, mais la loi continuera juridiquement à exister. Ce contrôle (toujours *a posteriori*) est dit « concret », ou « subjectif » puisqu'il s'exerce à l'occasion de litiges particuliers et de cas concrets.

Dans le modèle américain, il appartient au juge (devant lequel le moyen est invoqué) de se prononcer sur la régularité de la loi, le juge de l'action étant le juge de l'exception. Par conséquent, chaque juge, avant de statuer au fond, sera compétent pour se prononcer sur cette « question préalable ». Évidemment, d'appel en appel, l'affaire remontera jusqu'à la Cour suprême qui statuera définitivement.

Dans le modèle européen, le tribunal (devant lequel est soulevée l'exception d'inconstitutionnalité) ne peut pas trancher lui-même ce point de droit qui constitue donc pour lui une « question préjudicielle » ; le tribunal doit surseoir à statuer et saisir la Cour constitutionnelle ; une fois que celle-ci se sera prononcée, l'affaire reviendra devant le tribunal qui pourra alors juger sur le fond.

La loi reconnue inconstitutionnelle par le juge (quel que soit le niveau de juridiction) ne sera pas appliquée au procès en cours ; l'effet ne sera qu'*inter partes,* c'est-à-dire limité aux parties : la loi pourra être invoquée à nouveau, dans un autre procès, devant un autre tribunal, ou devant le même tribunal ; cependant joue la « règle du précédent » : face à la même question, l'inconstitutionnalité sera de nouveau soulevée et aura la même solution. Mais surtout, quand elle a été déclarée inconstitutionnelle par la Cour suprême (États-Unis) ou par la Cour constitutionnelle (système européen), la loi, sans être pour autant annulée, se trouve paralysée. Cependant, au moins en théorie, la loi peut « ressusciter » à l'occasion d'un revirement jurisprudentiel de la Cour constitutionnelle (autorité relative de la chose jugée).

En France, la LC du 23 juillet 2008 ajoute à la Constitution un article 61-1 qui donne la possibilité de soutenir – à l'occasion d'une instance en cours devant une juridiction – qu'une disposition législative promulguée postérieurement à l'entrée en vigueur de la Constitution de 1958 porte atteinte aux droits et libertés que celle-ci garantit ; le Conseil constitutionnel pourra être saisi de cette question sur renvoi du Conseil d'État ou de la Cour de cassation, dans les conditions et sous les réserves fixées par une loi organique. En application de cet article 61-1C nouveau, le tribunal devant lequel est soulevée l'exception d'inconstitutionnalité ne peut donc par trancher lui-même ce point de droit qui constitue ainsi une « question préjudicielle » ; fortement inspiré de deux projets de LC initiés par le président Mitterrand en 1990 et 1993, et qui avaient alors échoué, cette réforme semble cumuler le contrôle par voie « d'exception » et le contrôle par voie « d'action » : le texte prévoit en effet qu'une disposition déclarée inconstitutionnelle sur le fondement de l'article 61-1 est « abrogée » à compter de la publication de la décision du Conseil constitutionnel ou d'une date ultérieure fixée par cette décision, à charge pour le Conseil de déterminer les conditions et les limites dans lesquelles les effets que la disposition a produits sont susceptibles d'être remis en cause.

d) Les modèles « américain » et « européen » de justice constitutionnelle

L'étude des modes d'exercice du contrôle de la constitutionnalité des lois montre l'existence de deux modèles de justice constitutionnelle.

– ***Le modèle américain*** présente les caractéristiques suivantes : un contrôle diffus, exercé par n'importe quel tribunal sous l'autorité régulatrice de la Cour suprême, un contrôle concret, un contrôle *a posteriori* et par voie d'exception, l'autorité relative de chose jugée des décisions rendues ; ce modèle a été principalement transposé (mais en subissant parfois des déformations) au Canada, au Mexique, au Brésil, en Argentine, au Japon...

– ***Le modèle européen*** présente les caractéristiques suivantes : un contrôle exercé par une juridiction unique, un contrôle abstrait, un contrôle par voie d'action (*a priori* ou *a posteriori*) déclenché par des autorités politiques ou publiques, la possibilité (le plus souvent) d'une coexistence entre un contrôle par voie d'action et un contrôle par voie d'exception (ou plutôt par voie de question préjudicielle), l'autorité absolue de chose jugée des décisions rendues. Imaginé par Hans Kelsen, ce système européen ou autrichien de justice constitutionnelle a d'abord été mis en œuvre par plusieurs pays d'Europe de l'Ouest (notamment l'Allemagne, l'Italie et la Belgique après la fin de la Seconde guerre mondiale, la France en 1958, l'Espagne et le Portugal à la fin des années 1970), puis a principalement diffusé à partir des années 1990 vers les pays de l'Europe centrale et orientale (Pologne, Hongrie, République tchèque, Bulgarie, Roumanie, Slovaquie, Slovénie, Croatie...), mais aussi vers toutes les Républiques de la CEI, à l'exception du Turkménistan (alors membre de la CEI). Il a également pénétré certains pays d'Afrique (Bénin, Niger, Côte d'Ivoire, Tchad, Sénégal...) et d'Asie (Inde principalement), ainsi que plusieurs États d'Amérique latine (Chili, Pérou, Équateur, Colombie...).

5 Le bloc de constitutionnalité

Dans la plupart des États qui ont établi un contrôle de constitutionnalité, le bloc de constitutionnalité (ensemble de normes [textes, principes] de valeur constitutionnelle) est plus large que la Constitution écrite proprement dite.

L'Autriche se singularise car elle a même inclus dans son bloc de constitutionnalité la Convention européenne des droits de l'homme du 4 novembre 1950. Dès 1920, l'Autriche avait d'ailleurs créé un modèle de justice constitutionnelle (le futur modèle européen) ; cette novation est due à Hans Kelsen qui a montré la nécessité d'instaurer un contrôle de constitutionnalité exercé par une juridiction unique, dans le but de garantir la cohérence de l'ordre juridique et d'assurer le respect de la hiérarchie des normes (théorie de la formation du droit par degrés établie par Kelsen : dans l'ordonnancement juridique la norme inférieure doit être conforme à la norme qui lui est immédiatement supérieure).

Les textes

Concernant la France, par exemple, ont valeur constitutionnelle :

- les articles de la Constitution (composée des articles numérotés de 1 à 77 + 87, 88 et 89, plusieurs articles obsolètes ayant été abrogés par la LC du 4 août 1995) ;
- le Préambule de la Constitution de 1958 (composé de deux paragraphes très courts) ;
- les 17 articles de la DDHC de 1789 ;
- l'essentiel des 18 alinéas du Préambule de 1946 (à savoir les n° 1 à 15 inclus) ;
- la Charte de l'environnement de 2004 (LC n° 2005-205 du 1er mars 2005) ;
- les PFRLR : parmi toutes les lois des IIe et IIIe Républiques, le Conseil constitutionnel opère un tri en sélectionnant celles qui posent des principes fondamentaux. À ce jour, 10 ont été consacrés, à l'exemple de la liberté d'association (CC, 16 juillet 1971), du respect des droits de la défense (CC, 2 décembre 1976, *Prévention des accidents du travail*), de l'indépendance des professeurs d'université (CC, 20 janvier 1984, *Libertés universitaires*). Au regard de la jurisprudence du Conseil, les PFRLR sont extraits d'un texte législatif républicain antérieur au Préambule de 1946, ce sont des règles qui n'ont pas connu d'exception, règles qui possèdent un caractère suffisamment général et qui présentent une importance suffisante.

Les constructions constitutionnelles de la jurisprudence

Les tribunaux (système américain) et les Cours constitutionnelles (système européen) n'ont pas la compétence pour créer des normes juridiques. Dans la réalité, grâce à leur pouvoir d'interprétation de la Loi fondamentale, les Cours constitutionnelles (principalement) ont l'occasion de préciser, et même de compléter la Constitution.

Ainsi, en France, le Conseil constitutionnel consacre parfois des principes sans se référer à un texte précis : les principes, les objectifs, et exigences de valeur constitutionnelle. Ces principes ou objectifs permettent au Conseil de limiter la portée de certains droits constitutionnellement protégés ; la Cour de la rue Montpensier évite ainsi qu'une législation – en voulant donner toute son ampleur à un droit garanti par la Constitution – ne porte atteinte à d'autres libertés (exemple du principe constitutionnel de la continuité du service public qui limite le droit de grève, décision CC, 25 juillet 1979, *Grève à la radio et à la télévision*).

Les apports de la coutume

À la différence de la jurisprudence, les coutumes n'occupent qu'une place très modeste dans le bloc de constitutionnalité : coutumes interprétatives, coutumes supplétives, et même, selon quelques auteurs, coutumes *contra legem* (cf. *supra*, p. 38).

6 Repères dans l'histoire du système politique français

CONSTITUANTE	
5 mai 1789	Ouverture des États-Généraux.
26 août 1789	Déclaration des Droits de l'homme et du citoyen.
LÉGISLATIVE	
14 septembre 1791	Constitution. Le Roi, chef de l'exécutif. Monocaméralisme. Séparation stricte entre les pouvoirs.
10 août 1792	Suspension du Roi. Convocation d'une Convention.
CONVENTION	
21 septembre 1792	Début de la Ire République.
24 juin 1793 (an I)	Constitution « montagnarde ». Régime d'assemblée. Application ajournée jusqu'à la paix : elle ne sera jamais appliquée.
27 juillet 1794 (9 thermidor)	Chute de Robespierre.
DIRECTOIRE	
22 août 1795 (5 fructidor an III)	Constitution. Exécutif collégial. Bicaméralisme. Séparation stricte entre les pouvoirs.
CONSULAT	
9 novembre 1799 (18 brumaire an VIII)	Coup d'État de Napoléon Bonaparte.
13 décembre 1799 (22 frimaire an VIII)	Constitution. 3 consuls dont Bonaparte, Premier consul. 2 Consuls désignés pour 10 ans, 1 pour 5 ans. 3 assemblées (Sénat, Corps législatif, Tribunat). Régime autoritaire. Confusion des pouvoirs au profit du Premier consul.
2-4 août 1802 (14-16 thermidor an X)	Constitution. Bonaparte nommé consul à vie. Régime autoritaire. Confusion des pouvoirs.

PREMIER EMPIRE	
18 mai 1804 (28 floréal an XII)	Constitution. Empereur. Mêmes assemblées qu'en 1799. Régime autoritaire. Confusion des pouvoirs.
6 avril 1814	Après l'abdication de Napoléon Ier (4 avril), adoption de la Constitution sénatoriale rejetée par Louis XVIII.
PREMIÈRE RESTAURATION	
4 juin 1814	Charte. Roi. Bicaméralisme (Chambre des Députés et Chambre des Pairs). Débuts du parlementarisme. Louis XVIII, Roi de France.
CENT-JOURS	
(20 mars 1815 – 22 juin 1815) 22 avril 1815	Acte additionnel aux Constitutions de l'Empire. Empereur. Bicaméralisme (Chambre des Représentants, Chambre des Pairs). Libéralisation du régime impérial.
22 juin 1815	Abdication de Napoléon Ier.
SECONDE RESTAURATION	
8 juillet 1815	Retour de Louis XVIII. Rétablissement de la Charte.
16 septembre 1824	Mort de Louis XVIII. Charles X lui succède.
MONARCHIE DE JUILLET	
27, 28 et 29 juillet	Les « Trois Glorieuses », journées révolutionnaires.
14 août 1830	Charte. Mêmes institutions mais dans un sens plus libéral et plus démocratique. Développement du parlementarisme dualiste. Louis-Philippe, Roi des Français.
IIe RÉPUBLIQUE	
22, 23 et 24 février 1848	Révolution. Proclamation de la République.
4 novembre 1848	Constitution. Président de la République élu au suffrage universel direct, et chef de l'exécutif. Exécutif moniste. Monocaméralisme. Régime de séparation stricte entre les pouvoirs.
10 décembre 1848	Louis-Napoléon Bonaparte élu président.

SECOND EMPIRE	
2 décembre 1851	Coup d'État de Louis-Napoléon Bonaparte.
14 janvier 1852	Constitution. Prince-président élu pour 10 ans. Conseil d'État, Corps législatif, Sénat. Régime autoritaire. Confusion des pouvoirs au profit de l'exécutif.
7 novembre 1852	Rétablissement de l'Empire. Napoléon III Empereur.
21 mai 1870	Constitution. Empire libéral. Retour au régime parlementaire.
IIIe RÉPUBLIQUE	
4 septembre 1870	Déchéance de Napoléon III. Proclamation de la République.
1871-1875	Régime d'assemblée.
24, 25 février et 16 juillet 1875	Lois constitutionnelles : Président, ministres. Bicaméralisme égalitaire (Chambre des Députés, Sénat). Le président du Conseil non prévu par les LC apparaîtra dès 1876. Parlementarisme.
16 mai 1877	Coup de force du président, Mac-Mahon. Échec de la thèse du parlementarisme dualiste (défendue par Mac-Mahon).
« ÉTAT FRANÇAIS » (Régime de Vichy)	
10 juillet 1940	Vote des pleins pouvoirs au maréchal Pétain. Actes constitutionnels du 11 juillet 1940.
GPRF	Gouvernement provisoire de la République française.
21 octobre 1945	Élection de la 1re Assemblée Nationale constituante. Abandon des institutions de la IIIe République.
5 mai 1946	Refus par référendum du projet de Constitution du 19 avril 1946. Rejet du régime d'assemblée.
2 juin 1946	Élection d'une deuxième Assemblée Nationale constituante.

IVe RÉPUBLIQUE	
27 octobre 1946	Constitution. Président de la République. Président du Conseil. Bicaméralisme inégalitaire (Assemblée nationale et Conseil de la République). Régime parlementaire moniste.
1er juin 1958	Charles de Gaulle, président du Conseil.
Ve RÉPUBLIQUE	
4 octobre 1958	Constitution de la Ve République. Régime parlementaire moniste et rationalisé. Président-arbitre. Premier ministre chef de l'exécutif. Bicaméralisme inégalitaire (Assemblée nationale et Sénat). Conseil constitutionnel et contrôle de la constitutionnalité des lois. Élection du chef de l'État au suffrage universel direct (LC du 6 novembre 1962). Pratique présidentialiste du régime (président chef de l'exécutif), sauf en période de cohabitation : 1986-1988, 1993-1995, 1997-2002.

La démocratie

CHAPITRE 3

La démocratie, solidement implantée dans les pays occidentaux, semble partie à la conquête du monde, surtout depuis une vingtaine d'années. La démocratie pluraliste se caractérise par l'établissement du suffrage universel direct, par le respect des droits de l'opposition, par l'alternance politique, et par le respect des droits fondamentaux. Les démocraties font de plus en plus souvent l'amalgame entre la souveraineté nationale et la souveraineté populaire, en instaurant des procédés de démocratie semi-directe. Les dirigeants politiques seront choisis à l'occasion d'élections disputées. Lors de ces élections, le choix du mode de scrutin législatif n'est pas neutre, puisqu'il aura des effets importants sur la vie politique et le fonctionnement des institutions.

1 La participation des gouvernés à l'exercice du pouvoir

La notion de démocratie

a) La définition de la démocratie

La démocratie pluraliste, pratiquée par toutes les grandes sociétés industrielles occidentales, est fondée sur la liberté. Ce type de démocratie est contesté par l'idéologie marxiste qui préconise la quête de l'égalité réelle, avec l'avènement d'une démocratie économique et sociale. Dans les États marxistes, la dictature du prolétariat a fait place à la dictature d'une oligarchie politique privilégiée (la *nomenklatura*), et les libertés sont sacrifiées (régime de parti unique ; police politique, élections d'adhésion, délit d'opinion sanctionné par la déportation au goulag, etc.) La quasi-disparition des États marxistes (sauf la Chine, le Vietnam, la Corée du Nord, Cuba) a laissé le champ libre à la démocratie pluraliste et libérale, qui a également beaucoup progressé en Amérique latine et, à un degré moindre, en Afrique (cf. *infra,* pp. 161-162).

b) Les conditions de la démocratie

- ***L'instauration du suffrage universel direct :*** tous les citoyens doivent disposer du droit de vote ; le suffrage censitaire est donc contraire à la démocratie.
- ***Le principe majoritaire :*** les volontés individuelles sont additionnées lors des élections ; ce sont les électeurs qui font la majorité habilitée à exercer le pouvoir ; la légitimité à gouverner procède donc de l'élection.
- ***Le pluralisme politique*** : les électeurs ont le choix entre différents programmes politiques, entre différentes idéologies, ce qui nécessite l'existence du pluralisme des partis ; ainsi l'article 4 C (France, Ve République) dispose : « Les partis et groupements politiques concourent à l'expression du suffrage. Ils se forment et exercent leur activité librement. Ils doivent respecter les principes de la souveraineté nationale et de la démocratie ».
- ***Le respect des droits de l'opposition :*** la majorité doit respecter les droits de la minorité ; l'opposition aura la possibilité d'accéder au pouvoir (l'alternance politique) à la suite d'élections sincères et démocratiquement organisées ; au sein de l'organe représentatif, les élus de l'opposition bénéficieront des immunités parlementaires et siégeront dans les instances parlementaires (commissions législatives, commissions d'enquête, etc.) ; ils doivent avoir les moyens de contrôler l'activité de l'exécutif (questions au gouvernement et dépôt d'une motion de censure en régime parlementaire), et de participer au processus de formation de la loi (dépôt de propositions de loi et d'amendements) ; dans les démocraties pluralistes, l'opposition aura la faculté de déférer les lois au juge constitutionnel (lorsqu'il existe un contrôle de la constitutionnalité des lois).
- ***Le libéralisme politique :*** la liberté de la presse et la liberté de la communication audio-visuelle doivent être respectées ; en effet, elles permettent aux partis d'opposition de présenter leur programme, tout en critiquant la politique gouvernementale.
- ***Le respect de l'individu :*** le respect de la liberté nécessite la reconnaissance de droits individuels, auxquels les gouvernants ne peuvent porter atteinte, quelle que soit la majorité politique au pouvoir (liberté d'aller et venir, droit de propriété, etc.).

■ *Les titulaires de la souveraineté dans les démocraties pluralistes*

a) La théorie de la souveraineté nationale

Conformément à cette théorie, la souveraineté est confiée à la nation, être collectif et indivisible, distinct des individus qui la composent ; elle ne s'identifie pas à la somme des citoyens vivant à un moment donné sur le territoire national : elle embrasse à la fois les générations passées, présentes et à venir. Inventée par les Monarchomaques à la Renaissance (cf. *supra*, p. 13), préconisée par Montesquieu et surtout par Emmanuel Joseph Sieyès (1748-1836) (*Qu'est-ce que le tiers état* ?, 1789), cette théorie a été consacrée par le constituant de 1791.

La théorie de la souveraineté nationale emporte trois conséquences :

- ***une souveraineté unique et indivisible :*** la nation, être collectif et unique, n'a qu'une seule volonté ; elle peut donc déléguer sa souveraineté, mais seulement en totalité, à des représentants élus, par conséquent aux assemblées parlementaires ;
- ***une souveraineté inaliénable :*** la nation ne peut déléguer sa souveraineté que pour une durée limitée ;
- ***une souveraineté imprescriptible :*** la nation peut toujours décider de récupérer la souveraineté au moment de son choix, et ceci quelle que soit la durée pour laquelle a été délégué son exercice.

La nation étant une entité, elle doit – pour exercer sa souveraineté – passer par l'intermédiaire de représentants, personnes physiques. La souveraineté nationale suppose donc la mise en place d'un régime représentatif. En élisant des délégués, les électeurs investissent leurs « représentants » d'une « fonction publique » ou d'un « mandat » qui les habilite à agir en leur lieu et place. Les électeurs n'exercent pas un droit mais une fonction, que la nation peut très bien réserver à un petit nombre de citoyens. Par conséquent, la souveraineté peut aussi bien se satisfaire du suffrage censitaire que du suffrage universel. Évidemment, la démocratie nécessitera l'établissement du suffrage universel.

Le mandat public est « national », puisque les élus représentent la nation toute entière, et non pas les électeurs de leur circonscription (locale). Le mandat est « représentatif » puisque les élus ne peuvent ni recevoir d'ordres de leurs électeurs, ni être révoqués par ceux-ci : le mandat « impératif » est donc prohibé. Enfin, le mandat est « parfait », puisque les élus – pendant la durée de leur mandat – disposent d'une plénitude d'attributions et sont censés agir, notamment élaborer la loi, conformément à l'intérêt général et à la volonté de la nation.

b) La théorie de la souveraineté populaire

Selon J.-J. Rousseau (*Du contrat social*, 1762), la souveraineté appartient aux citoyens et chacun d'entre eux en détient une parcelle.

La souveraineté populaire, de même que la souveraineté nationale, est inaliénable et imprescriptible ; en revanche, elle est divisible : dans un État peuplé de 10 000 citoyens, chaque citoyen possède la dix-millième partie de l'autorité souveraine. La mise en place d'institutions représentatives n'est pas indispensable ; d'ailleurs, la souveraineté populaire s'accommode mieux des procédés de démocratie directe ou semi-directe (exemple du référendum). L'électorat est un droit, et non plus une fonction, et la souveraineté populaire nécessite le suffrage universel. La souveraineté populaire peut admettre le mandat impératif ; parfois, des procédures de révocation sont prévues, les élus étant autant les mandataires des électeurs que leurs représentants. En France, la théorie de la souveraineté populaire n'a guère inspiré que le constituant de 1793 et les auteurs du projet de Constitution du 19 avril 1946.

c) L'amalgame de la souveraineté nationale et de la souveraineté populaire

En général, les Constitutions des démocraties pluralistes concilient les deux formes de souveraineté, tout en privilégiant la souveraineté nationale, à l'exemple de la Constitution française de 1958 ; ainsi, l'article 3 C dispose : « La souveraineté nationale appartient au peuple qui l'exerce par ses représentants et par la voie du référendum ». En France, l'instauration en 1958 du référendum législatif (art. 11 C), du référendum constituant (art. 89 C), et du référendum d'autodétermination (art. 53 C) permet un dépassement du régime représentatif.

■ *Les différentes formes de la démocratie*

a) La démocratie représentative, conséquence de la souveraineté nationale

Pour être démocratique, le régime représentatif suppose l'élection des représentants au suffrage universel direct.

1) Illustrations de la démocratie représentative

- Dans la forme ultra-représentative de la démocratie, seuls les parlementaires sont élus au suffrage universel, l'exécutif étant désigné par l'assemblée (ou, rarement, par les assemblées) qui, en outre, le contrôle directement. L'exécutif apparaît comme un organe commis, alors que les parlementaires sont les seuls délégataires de la souveraineté nationale.
- Dans une forme moins pure du régime représentatif, outre les parlementaires, le président de la République est élu au suffrage universel direct dans certains États : pays d'Amérique latine, pays d'Afrique noire, plusieurs pays arabes (Algérie, Tunisie, Égypte), 12 des 27 pays de l'Union européenne (France, Finlande, Autriche, Portugal, Irlande, Pologne, Slovaquie, Slovénie, Bulgarie, Roumanie, Lituanie, Chypre [partie grecque de l'île]), les 11 pays de la CEI (à l'exception de la Moldavie), 11 des 17 pays d'Europe centrale, orientale et balte (Pologne, Slovaquie, Bulgarie, Roumanie, Serbie, Monténégro, Bosnie-Herzégovine, Croatie, Slovénie, Macédoine, Lituanie). La primauté du Parlement (d'ailleurs de plus en plus contestée, cf. *infra*, pp. 95-96) est contre-balancée par le prestige du président, surtout lorsque celui-ci est le chef de l'exécutif (pays

d'Amérique latine, pays d'Afrique noire, Algérie, Tunisie, Égypte, 10 des 11 pays de la CEI, et la France sauf en période de cohabitation).

2) Les déviations de la démocratie représentative

- ***La souveraineté parlementaire ou démocratie des parlementaires :*** lorsque les élections ne donnent pas d'indications nettes, les partis s'entendent pour constituer telle ou telle coalition, qui sera d'ailleurs éphémère ; les représentants peuvent ne tenir aucun compte de la volonté des électeurs, et le Parlement devient le véritable souverain, en lieu et place du corps électoral (France sous les IIIe et IVe Républiques, cette dernière – la IVe – étant du reste surnommée la « République des députés »).
- ***La partitocratie :*** avec cette seconde déviation (prolongement de la première) les parlementaires se trouvent eux-mêmes dessaisis de la souveraineté par les états-majors des partis politiques. Ainsi, en Italie, la formation d'un gouvernement résulte de tractations entre les dirigeants des partis ; les crises ministérielles éclatent et se déroulent, le plus souvent, en dehors de l'enceinte parlementaire (crises froides). Dans ce système de la « partitocratie » (G. Marinini) les oligarchies partisanes exercent une influence excessive sur les Institutions, sur l'Administration, et sur l'ensemble de la vie publique. Toutefois, en Italie même, la « partitocratie » est en net déclin : les réformes électorales de 1993 et 2005 (cf. *infra,* p. 79), et l'opération « *Mani pulite* » (lutte contre la corruption menée par les magistrats milanais) ont en effet provoqué l'affaiblissement, puis la disparition des vieux partis de gouvernement (union de la droite libérale, dont la Démocratie chrétienne, et de la gauche modérée) qui entretenaient le système de la « partitocratie » ; mais surtout, l'apparition du « bipartisme » à la suite des législatives et des sénatoriales des 13 et 14 avril 2008 semble avoir sonné le glas de la « partitocratie » dans la péninsule (cf. *infra*, p. 84).

b) La démocratie directe et la démocratie semi-directe, conséquences de la souveraineté populaire

1) La démocratie directe

La démocratie directe est un régime dans lequel le peuple exerce directement la souveraineté, en prenant lui-même les décisions concernant l'État. Ce système relève de l'utopie et nécessite un État exigu. En Suisse, dans trois cantons (Appenzell, Glaris et Unterwald), se tient chaque année, et pour quelques jours, la session de la *Landsgemeinde*, au cours de laquelle les citoyens élisent leurs représentants, règlent les problèmes constitutionnels du canton, élaborent les lois, etc.

2) La démocratie semi-directe

• DÉFINITION

La démocratie semi-directe implique la coexistence d'organes représentatifs et de procédures d'intervention populaire, et ce sont ces dernières qui sont originales. Après avoir été pratiquée dans un petit nombre d'États (Suisse, États membres des États-Unis), la démocratie semi-directe se développe puisque de nombreuses Constitutions ont établi des procédures d'intervention populaire directe (France, Italie, Danemark, Irlande, les pays de la CEI, les pays d'Europe centrale, orientale et balte...).

• LES PROCÉDÉS DE DÉMOCRATIE SEMI-DIRECTE

– ***Le veto populaire :*** le recours à cette technique est déclenché par la minorité parlementaire (Danemark, Irlande) ou par les citoyens à la suite du dépôt d'une pétition revêtue du nombre requis de signatures (en Suisse, demande de 50 000 citoyens ou 8 cantons, et dans une vingtaine des États fédérés aux États-Unis) ; le peuple, à l'occasion d'un référendum, peut alors s'opposer à l'entrée en vigueur d'une loi déjà votée.

– ***Le référendum abrogatif :*** ce procédé permet d'obtenir l'abrogation d'une loi, le référendum abrogatif étant déclenché par une initiative populaire (Italie, 500 000 électeurs ou 5 conseils régionaux).

– ***L'initiative populaire en matière constitutionnelle et législative :*** cette technique permet au peuple, après le dépôt d'une pétition, de demander l'élaboration d'une loi constitutionnelle (Suisse, 100 000 signatures) ou d'une loi ordinaire (Italie, 50 000 électeurs ; la Suisse, 100 000 électeurs, depuis la réforme adoptée le 9 février 2003).

– ***Le référendum législatif, constituant, ou consultatif :*** le recours au référendum est prévu par de nombreuses Constitutions ; le peuple vote lui-même la loi (référendum législatif) ou la révision constitutionnelle (référendum constituant), ou même est consulté sur des questions présentant une importance particulière pour l'État (Pologne, Slovaquie, Roumanie...) ; le référendum est généralement organisé à l'initiative de l'exécutif ou du Parlement, mais aussi, parfois, à l'initiative du peuple (référendum d'initiative populaire) en Slovaquie (350 000 citoyens), en Lituanie (300 000 citoyens), en Slovénie (40 000 électeurs), en Macédoine (150 000 électeurs).

En France, la Constitution de 1958 a instauré le référendum constituant (art. 89 C), le référendum législatif (art. 11 C), le référendum d'autodétermination (art. 53 C). Puis, la loi constitutionnelle du 28 mars 2003 sur « l'organisation décentralisée de la République » a créé de nouveaux types de référendums : le référendum décisionnel local à l'initiative d'une collectivité territoriale (art. 72-1 C), le référendum consultatif local auquel la loi décide de recourir (art. 72-1 C), et le référendum consultatif local (concernant les collectivités territoriales situées outre-mer) que le président de la République décide de mettre en œuvre (art. 72-4 C). Enfin, la LC n° 2005-2004 du 1er mars 2005 obligeait le président de la République à soumettre au référendum (art. 88-5 C) tout projet de loi autorisant la ratification d'un traité relatif à l'adhésion d'un État à l'Union européenne et aux Communautés européennes (disposition constitutionnelle inapplicable aux trois procédures déjà engagées à cette époque : Roumanie et Bulgarie [entrées dans l'Union dès le 1er janvier 2007], Croatie). Aussi la LC du 23 juillet 2008 permet-elle d'échapper à cette contrainte ; en adoptant une motion à la majorité des 3/5 de chacune des deux assemblées, le Parlement peut désormais autoriser le vote du projet de loi (permettant la radification du Traité d'adhésion) selon la proccédure prévue au 3e alinéa de l'article 89C : vote du texte – sur décision du président de la République – soit par le peuple (référendum), soit par le Parlement réuni en Congrès (à la majorité des 3/5 des suffrages exprimés).

La validité du référendum n'est généralement pas dépendante du nombre de votants ; toutefois, la Constitution italienne et la plupart des Constitutions de l'Europe centrale et orientale exigent la participation d'au moins 50 % des électeurs inscrits pour que son issue ait une valeur juridique.

Le référendum perd son caractère démocratique lorsqu'il dégénère en plébiscite : la réponse populaire est alors donnée en fonction de la personnalité de l'auteur de la question, l'opinion publique est manipulée par la propagande officielle et le « oui » ne peut que l'emporter à une très forte majorité.

- ***La révocation d'une assemblée par le peuple :*** pendant la durée de la législature, à la demande d'un certain nombre de citoyens fixé par la Constitution, un référendum est organisé afin de décider s'il convient de révoquer l'assemblée. Ce droit de révocation, l'*Abberufungsrecht*, existe dans certains cantons suisses et dans plusieurs *Länder* allemands.
- ***La révocation individuelle des élus par le peuple :*** le *recall*, technique de révocation individuelle, est prévu aux États-Unis dans 13 des États membres. Si une proportion déterminée des électeurs le demande, une nouvelle élection est organisée, à laquelle l'élu peut, ou même doit être candidat (en 2002 c'est à la suite du *recall* du gouverneur Gray Davis qu'Arnold Schwarzenegger a été élu gouverneur de Californie).

2 La désignation des gouvernants à l'occasion d'élections disputées

L'organisation de la compétition électorale

a) Les partis politiques, acteurs de la compétition

1) Le parti politique : définition et fonctions

Groupement de personnes unies par une idéologie, le parti politique est doté d'une structure (l'appareil du parti) et a pour but la conquête et l'exercice du pouvoir en vue de réaliser son projet politique. Le parti structure l'opinion, éduque les citoyens, recherche le soutien populaire et encadre les élus.

Les partis politiques de la majorité apportent leur soutien au gouvernement (la fonction « constituante » définie par Théodore Lowi en 1967) ; au contraire, les partis d'opposition contestent l'action de l'exécutif et proposent un programme politique de rechange (la fonction « programmatique » définie par Th. Lowi, 1967). Enfin, en 1971, Georges Lavau met à jour la fonction « tribunitienne » du PCF, qui consiste à représenter officiellement le mécontentement et la colère des catégories « plébéiennes » (les catégories défavorisées), quitte à reléguer au second plan le programme politique ; actuellement, le PCF exerce une fonction programmatique après avoir assumé une fonction constituante de juin 1997 à mai 2002, la fonction tribunitienne étant désormais remplie par les partis trotskistes (Lutte ouvrière [LO], Ligue communiste révolutionnaire [LCR]) et les formations d'extrême droite (Front national [FN] essentiellement).

2) Classification des partis politiques

- ***Les partis de cadres*** (Maurice Duverger) ou ***de notables*** (Jean Charlot) privilégient la qualité de l'adhérent (recrutement des leaders d'opinion) aux dépens du nombre d'adhérents. Ils sont peu structurés, appliquent une discipline lâche et n'ont pas de programme très strict.
- ***Les partis de masse*** (M. Duverger) ou ***de militants*** (J. Charlot) cherchent à rassembler le maximum d'adhérents, sont très structurés (organisation pyramidale, et localement cellules du PCF, sections du PS...), imposent une stricte discipline, et présentent un projet politique très rigoureux.
- ***Les partis d'électeurs*** (J. Charlot) ou ***partis de rassemblement*** (les partis « attrape-tout », ou « *catch-all parties* » définis par Kirschheimer et Neumann) tentent d'obtenir le maximum de suffrages en rassemblant toutes les catégories d'électeurs ; ces partis cultivent le pragmatisme aux dépens de l'idéologie, et développent des thèmes généraux et consensuels.

3) Les systèmes de partis

• LE BIPARTISME

Dans ce système, il existe plusieurs partis, mais deux seulement dominent la vie politique et exercent le pouvoir par alternance (principalement dans les pays anglo-saxons). Le bipartisme est soit rigide (discipline de vote au Royaume-Uni, avec les travaillistes et les conservateurs), soit souple (exemple des États-Unis avec les Démocrates et les Républicains), soit approché (exemple de l'Allemagne avec la CDU/CSU, parti démocrate-chrétien, et le SPD, parti socialiste). En France, depuis les législatives de juin 2002, la bipolarisation fait désormais place au bipartisme ; deux formations dominent la vie politique et exerceront à l'avenir le pouvoir par alternance : l'UMP (Union pour un mouvement populaire) et le PS (Parti socialiste) qui ont en effet monopolisé plus de 88 % des sièges à l'Assemblée nationale durant la 12e législature (369 [UMP] + 141 [PS] = 510/577) ; ce bipartisme a été confirmé lors des législatives de juin 2007 avec au total plus de 91 % des sièges pour les deux grands partis (323 [UMP] + 205 [PS] = 528/577).

• LE MULTIPARTISME

Dans ce système, un nombre plus ou moins important de partis exercent une véritable influence sur la vie politique et nouent entre eux des alliances plus ou moins solides. Le multipartisme est favorisé par des facteurs historiques (France), religieux (Italie), ethniques et géographiques (Belgique), et politiques (instabilité constitutionnelle de la France, goût des Français pour les idéologies, modes de scrutin) ; dans les États de l'Europe centrale, orientale et balte, le multipartisme se traduit par des clivages à la fois « sociologiques » (centre/périphérie [minorités nationales], laïc/religieux, ville/campagne, possédants/travailleurs) et « politiques » (partis post-communistes [issus des partis existant sous les régimes communistes], partis nés de l'opposition aux régimes communistes, partis historiques [résurgences de partis existant dans l'Entre-deux-guerres], partis politiques post-1989 [formations politiques créées après 1989 sur des questions d'ordre politique, social ou ethnique]).

Le multipartisme est soit « intégral » lorsque les alliances entre les partis sont instables et éphémères (France, IIIe et IVe Républiques, Italie [jusqu'en 2001], Belgique, Pays-Bas, Autriche, Israël, Pologne et la plupart des pays de l'Europe centrale et orientale [où, toutefois, une tendance à la bipolarisation se dégage lentement], etc.), soit « tempéré » lorsque les partis parviennent à former des coalitions stables et cohérentes : ainsi, dans le cadre de la bipolarisation, les formations politiques se rassemblent autour de deux pôles droite-gauche (la France, principalement des législatives de 1978 à celles de 2002).

Parfois, un parti devient dominant ou majoritaire ; ce parti est incontournable pour constituer une majorité parlementaire (en France, le PS de 1997 à 2002), exceptionnellement ce parti détient à lui seul la majorité absolue des sièges au sein de la chambre basse (en France : le parti gaulliste, l'UDR, de 1968 à 1973, le PS de 1981 à 1986, et l'UMP depuis juin 2002).

• LE PARTI UNIQUE

Ce système est la négation de la démocratie libérale et pluraliste. Dans les pays marxistes, le parti unique est l'instrument de la dictature du prolétariat. Dans les pays fascistes, plusieurs raisons expliquent l'établissement du parti unique : le rejet de la lutte des classes, la volonté d'encadrer les individus, le souci de servir le culte du chef, la célébration du communautarisme et du totalitarisme. Des pays du Tiers-Monde, de moins en moins nombreux, maintiennent encore ce système : les dirigeants présentent le parti unique comme un instrument d'intégration nationale, de développement économique et social, et de stabilité politique au profit de l'exécutif.

b) Le régime du suffrage

1) L'extension progressive du suffrage universel aux dépens du suffrage restreint

À l'origine, le suffrage était restreint, les électeurs étant généralement sélectionnés en fonction de leurs revenus : pour être électeur, il fallait payer un certain montant d'impôt, le cens. Le suffrage censitaire a été appliqué en France en 1791, de l'an III (1795) à l'an VIII (1799), puis de 1814 à 1848. Le suffrage universel a bien été établi par le constituant de 1793, mais la Constitution montagnarde n'a pu être appliquée, la patrie étant en danger ; instauré par la Constitution de l'an VIII, le suffrage universel, de 1799 à 1814 (sous le Consulat et l'Empire) n'a servi qu'à établir des listes de confiance, à partir desquelles le Sénat choisissait les législateurs, les tribuns, etc.

La théorie de l'électorat-fonction a donc triomphé jusqu'en 1848 : ainsi, sous la Monarchie de Juillet (1830-1848), le pays « légal » était de 250 000 électeurs, et le pays « réel » de 25 millions d'habitants.

La théorie de l'électorat-droit s'impose avec le décret du 5 mars 1848 qui proclame le suffrage universel, mais le droit de vote ne sera accordé aux femmes qu'en 1944 (ordonnance du 21 avril 1944 prise par le GPRF [Gouvernement provisoire de la République française]). Toutefois, un certain nombre de personnes sont exclues du pouvoir de suffrage en raison de leur âge (la majorité électorale, en France, est fixée à 18 ans depuis 1974 [21 ans auparavant], 18 ans comme dans la plupart des démocraties occidentales), en raison de leur nationalité (le droit de vote est presque toujours réservé aux nationaux), en raison de leur comportement indigne (personnes condamnées pour crimes ou certains délits de droit commun) ou irresponsable (le majeur en tutelle et la personne en état de démence).

2) L'octroi quasi généralisé du droit de vote aux femmes

Depuis 1869, à l'instigation de l'État fédéré du Wyoming (USA), le droit de vote à été progressivement accordé aux femmes (illustrations : Nouvelle-Zélande [1893], Australie [1901], Finlande [1906], Norvège [1913], Grande-Bretagne [1918], ex-URSS [1918], Allemagne [1919], États-Unis [1920], Pologne [1921], Espagne [1931], Italie [1945], Belgique [1948], Suisse [1971, au niveau fédéral], Saint-Marin [1974], Liechstenstein [1984]). L'adoption du suffrage féminin a généralement entraîné une dérive du corps électoral vers la droite, les femmes étant dans l'ensemble plus conservatrices que les hommes ; dans certains pays, comme la France, l'évolution de la condition féminine (insertion dans la vie professionnelle, élévation du niveau d'instruction) a provoqué dans les années 1970 un quasi-alignement du vote féminin sur le vote masculin.

L'attribution du droit de vote aux femmes n'a pas permis à ces dernières de participer à l'exercice du pouvoir (au niveau national), sauf dans les pays scandinaves, en Espagne, et aux États-Unis ; ainsi, en France, l'Assemblée nationale ne compte actuellement dans ses rangs que 18,54 % de femmes (législatives de 2007, contre 12,13 % dans l'assemblée précédente), bien que le principe de parité ait été inscrit à l'article 3 C par la LC n° 99-569 du 8 juillet 1999, et mis en application par la loi ordinaire du 6 juin 2000 ; toutefois, lors de sa formation le 19 juin 2007, le gouvernement Fillon II (dans la lignée de Fillon I) applique le principe de parité, tout du moins aux postes ministériels (7 femmes ministres de plein exercice sur 15).

3) L'octroi du droit de vote aux étrangers, à titre exceptionnel et pour des élections sans enjeu national

La citoyenneté est en principe liée à la nationalité mais 12 pays de l'Union européenne ont d'ores et déjà accordé le droit de vote à tous les étrangers résidant sur leur territoire pour les élections municipales (Irlande, Suède, Danemark, Pays-Bas, Belgique, Finlande, Luxembourg, Lituanie, Estonie, Slovaquie, Hongrie, Slovénie). De plus, conformément au Traité de Maastricht (1992), les citoyens d'un pays de l'Union européenne résidant dans l'un des autres États membres possèdent le droit de vote aux élections des représentants au Parlement européen et aux élections municipales organisées dans le pays d'accueil.

4) Suffrage direct et suffrage indirect

- ***Le suffrage est direct*** quand les électeurs procèdent sans intermédiaires à la désignation de leurs représentants. Ce type de suffrage peut se combiner aussi bien avec le suffrage restreint qu'avec le suffrage universel. Bien sûr, pour être démocratique, le suffrage doit être à la fois universel et direct.

- ***Le suffrage est indirect*** lorsque l'élection se déroule en plusieurs étapes. Les représentants sont élus par un collège composé d'intermédiaires qui ont eux-mêmes été élus au suffrage universel ou au suffrage restreint. Le plus souvent, le collège électoral est composé d'élus qui possèdent un mandat acquis lors d'une élection antérieure (députés, conseillers régionaux, etc.). Dans les États unitaires, la chambre haute est généralement élue au suffrage restreint (cependant, tous les sénateurs en Italie, la majorité d'entre eux en Espagne sont élus au suffrage universel direct). En revanche, dans les États fédéraux, tous les membres de la seconde chambre ou la majorité d'entre eux sont assez souvent élus au suffrage universel direct (l'Allemagne étant la principale exception).
- Curiosité historique, le ***suffrage plural*** (plusieurs voix pour un citoyen) était lié à la possession de diplômes universitaires ou à la qualité de chef de famille.

c) L'organisation des élections

1) Le choix du mode de scrutin

Dans la plupart des pays, la Constitution se limite à poser quelques principes, comme l'établissement du suffrage universel direct. La loi ordinaire détermine le mode de scrutin : celui-ci peut donc aisément être modifié, ce qui ne serait pas le cas s'il fallait réviser la Constitution. Le choix du mode de scrutin (notamment pour les législatives) a des conséquences politiques et institutionnelles très importantes (cf. *infra*, p. 80 et s.).

2) La délimitation des circonscriptions électorales

Cette opération est essentielle, surtout avec le scrutin uninominal majoritaire, la circonscription étant alors exiguë. Théoriquement, le critère démographique devrait prévaloir ; parfois, le découpage favorise nettement un parti politique ou une coalition (pratique du *gerrymandering*, du nom de Gerry [1744-1814], ancien gouverneur de l'État du Massachusetts) (pratique du « charcutage électoral » en France).

3) Les conditions d'éligibilité

La liberté de candidature est consacrée dans les démocraties libérales et pluralistes. Ordinairement, pour être candidat, l'âge minimum requis est plus élevé que pour la majorité électorale : en France, 23 ans (élections présidentielles et législatives), 30 ans (élections sénatoriales). Le candidat aux législatives n'a une chance d'être élu qu'à condition de recevoir l'investiture d'un parti (scrutin majoritaire) ou d'être sur une liste en position éligible (représentation proportionnelle).

4) Les dépenses électorales

Pour éviter des inégalités et lutter contre le financement occulte des partis politiques, le législateur français a plafonné les dépenses électorales (exemple, pour les législatives, actuellement 44 840 € pour tout candidat + 0,18 € par habitant de la circonscription).

5) La campagne et les opérations électorales

Outre les moyens traditionnels (affichage, envoi de lettres, réunions publiques, etc.), des moyens nouveaux, surtout audio-visuels, sont utilisés : l'accès à la radio et à la télévision est généralement réglementé pendant la campagne électorale.

Le vote est secret. Certaines précautions sont prises pour lutter contre la fraude électorale (unicité de l'urne par bureau de vote, urne transparente, signature de la liste d'émargement par l'électeur lui-même, etc).

6) La liberté de vote

Ordinairement, le vote est facultatif. Toutefois, dans quelques pays (Australie, Belgique, Danemark, France [uniquement pour les sénatoriales], Luxembourg, Grèce...), le vote est obligatoire, et les abstentionnistes encourent des sanctions (amendes ou privation du droit de vote...) ; même dans ce cas, la liberté de vote est préservée puisque l'électeur peut voter blanc ou nul.

Dans de nombreuses démocraties libérales l'abstentionnisme électoral connaît une forte progression qui s'explique par de multiples causes : le désintérêt des citoyens pour la politique, les scandales politico-financiers, l'inefficacité relative des politiques économiques mises en œuvre par les gouvernements, la distance croissante entre les gouvernants et les gouvernés, le mode de scrutin législatif qui exclut souvent de toute représentation les électorats d'extrême droite et d'extrême gauche, l'effondrement du communisme qui avait structuré le débat politique en Europe pendant près d'un siècle.

L'abstentionnisme électoral est particulièrement élevé chez certaines catégories d'électeurs : les plus jeunes et les plus âgés des électeurs, les femmes jusqu'à une période récente, les membres des milieux populaires, les groupes sociaux les plus fragiles.

À la différence de nombreuses démocraties occidentales, la France connaît actuellement un taux de participation record, tout du moins lors de l'élection présidentielle de 2007 (près de 84 % de votants à chacun des deux tours, mais seulement 60 % à chacun des deux tours des législatives de 2007).

7) Le contentieux électoral

Exceptionnellement, le contentieux électoral est assuré par la chambre nouvellement élue, ce qui a permis à l'Assemblée nationale (française) d'invalider 11 députés poujadistes régulièrement élus le 2 janvier 1956 (IVe République). Le plus souvent, le contrôle est heureusement exercé par les juridictions habituelles, ou par la Cour constitutionnelle. Sous la Ve République, le Conseil constitutionnel est juge des élections présidentielles, législatives et sénatoriales, ainsi que des référendums.

Les modes de scrutin

Pour l'essentiel, quatre grands modes de scrutin sont mis en œuvre : le scrutin uninominal majoritaire à un tour (SUM1T), le scrutin uninominal majoritaire à deux tours (SUM2T), la représentation proportionnelle (RP), et les modes de scrutin mixtes. Chaque mode de scrutin a des conséquences politiques importantes ; le choix du mode de scrutin – qui n'est jamais innocent – est absolument essentiel, surtout pour les élections législatives.

Jusqu'à la fin du XIXe siècle, le scrutin majoritaire dominait dans la plupart des régimes représentatifs lors des législatives (SUM1T : Grande-Bretagne, Danemark, Suède, Espagne, Portugal, Grèce, etc. ; SUM2T : France, Allemagne, Autriche, Italie, Norvège, Pays-Bas, etc.). Dorénavant, la RP est le mode de scrutin législatif privilégié, le SUM1T subsiste dans les pays anglo-saxons, le SUM2T a presque disparu alors que des modes de scrutin mixtes se sont implantés assez récemment.

a) Les caractéristiques des différents modes de scrutin

1) La distinction entre le scrutin uninominal et le scrutin de liste

- Dans le cadre du ***scrutin uninominal,*** l'électeur ne peut voter que pour un seul candidat : la circonscription sera donc exiguë.
- Dans le cadre du ***scrutin de liste*** (ou scrutin plurinominal), chaque électeur vote pour une série de candidats inscrits sur un même bulletin ou liste. En France, la circonscription sera la commune (élections municipales), le département (législatives du 16 mars 1986), la région (élections régionales, loi du 11 avril 2003), les régions regroupées en 8 circonscriptions interrégionales (élections européennes, loi du 11 avril 2003). Si les listes sont bloquées, l'électeur est tenu de voter pour une liste entière. Le système du panachage permet de confectionner sa propre liste à partir de candidats présentés sur les différentes listes. Le système du vote préférentiel donne au citoyen la possibilité d'intervertir l'ordre de présentation des candidats à l'intérieur d'une même liste.

Le scrutin majoritaire peut être associé à la fois au scrutin uninominal et au scrutin de liste. Évidemment, la RP ne peut être associée qu'au scrutin de liste.

2) La distinction entre le scrutin majoritaire et la représentation proportionnelle

• LE SCRUTIN MAJORITAIRE

– *Le scrutin uninominal majoritaire à un tour*

Est immédiatement élu le candidat qui obtient le plus de voix. Ce système est le plus simple.

EXEMPLE : Sur 100 000 suffrages exprimés, A = 40 000 voix, B = 45 000 voix, C = 15 000 voix ; le candidat B est élu, puisque c'est lui qui recueille le plus de voix.

– *Le scrutin uninominal majoritaire à deux tours*

Est élu au 1er tour le candidat qui a obtenu la majorité absolue des suffrages exprimés (donc la moitié + 1 voix), à cela s'ajoute parfois une condition supplémentaire de représentativité (25 % du nombre des électeurs inscrits, élections législatives en France). Si aucun candidat n'a obtenu la majorité absolue des suffrages exprimés au 1er tour, il y a ballottage et un second tour est organisé ; au 2e tour, la majorité relative suffit, celui qui obtient le plus de voix étant élu ; en France, aux législatives, pour accéder au second tour, les candidats doivent obtenir un nombre de voix au moins égal à 12,5 % des électeurs inscrits.

EXEMPLE : *1er tour* : 100 000 électeurs inscrits ; 81 000 votants, 1 000 blancs ou nuls, et donc 80 000 suffrages exprimés (élections législatives, France).

A = 30 000 voix, B = 20 000 voix, C = 15 000 voix, D = 2 000 voix, E = 13 000 voix.

Pour être élu au 1er tour, il faut au moins obtenir 40 001 voix. De plus, 12 500 voix sont nécessaires pour participer au second tour (D est donc éliminé) ; des désistements sont envisageables, par exemple C au profit de B.

2e tour : 83 000 suffrages exprimés. A = 34 000 voix, B = 37 000 voix, E = 12 000 voix.

B est élu à la majorité relative.

• LA REPRÉSENTATION PROPORTIONNELLE

Les sièges sont répartis en fonction du nombre de voix obtenues par les différentes listes en présence : le principe est simple mais sa mise en œuvre complexe.

EXEMPLE : soit une circonscription avec 10 sièges à pourvoir. Suffrages exprimés = 500 000.

Résultats obtenus : liste A = 175 000 voix, liste B = 85 000 voix, liste C = 95 000 voix, liste D = 30 000 voix, liste E = 115 000 voix.

Deux opérations doivent être réalisées : l'attribution des sièges de quotient, puis des sièges de restes.

– Première attribution : les sièges de quotient

D'abord, il convient de déterminer le quotient électoral (QE) dans la circonscription considérée. Le QE est calculé en divisant le nombre de suffrages exprimés par le nombre de sièges attribués à la circonscription.

Ensuite, pour répartir les sièges entre les listes, il convient de diviser par le QE le nombre de voix obtenues par chaque liste.

$$QE = \frac{500\,000 \text{ (suffrages exprimés)}}{10 \text{ (nombre de sièges à pourvoir)}} = 50\,000 \text{ voix}$$

$$\text{Liste A} = \frac{175\,000}{50\,000} = 3 \text{ sièges ; Liste B} = \frac{85\,000}{50\,000} = 1 \text{ siège ;}$$

$$\text{Liste C} = \frac{95\,000}{50\,000} = 1 \text{ siège ; Liste D} = \frac{30\,000}{50\,000} = 0 \text{ siège ;}$$

$$\text{Liste E} = \frac{115\,000}{50\,000} = 2 \text{ sièges.}$$

Soit 7 sièges pourvus et 3 sièges non pourvus.

– Deuxième attribution : les sièges de restes

Les restes sont souvent utilisés au niveau local, plus rarement au plan national.

Deux méthodes sont généralement utilisées : celle des plus forts restes (PFR), et celle de la plus forte moyenne (PFM).

La 1re méthode (PFR) : elle attribue les sièges restant aux partis qui ont le plus grand nombre de voix inemployées ; ce système favorise les petits partis aux dépens des grandes formations.

Nombre de voix inutilisées

Liste A = 175 000 voix (3 × 50 000) = 25 000

Liste B = 85 000 voix (1 × 50 000) = 35 000

Liste C = 95 000 voix (1 × 50 000) = 45 000

Liste D = 30 000 voix (0 × 50 000) = 30 000

Liste E = 115 000 voix (2 × 50 000) = 15 000

Le 8e siège est attribué à C, le 9e à B, et le 10e à D.

Donc : A = 3 sièges (3 + 0), B = 2 sièges (1 + 1), C = 2 sièges (1 + 1), D = 1 siège (0 + 1), et E = 2 sièges (2 + 0).

La 2e méthode (PFM) est plus complexe ; il convient de diviser, pour chaque parti, le nombre total de voix obtenues par le nombre total de sièges qu'il obtiendrait si on lui attribuait le siège restant. On compare alors ces diverses moyennes. Le parti qui obtient la PFM reçoit le siège.

SR = siège réel ; SF = siège fictif

Liste A = 175 000 : 4 (3 SR + 1 SF) = 43 750

Liste B = 85 000 : 2 (1 SR + 1 SF) = 42 500

Liste C = 95 000 : 2 (1 SR + 1 SF) = 47 500

Liste D = 30 000 : 1 (0 SR + 1 SF) = 30 000

Liste E = 115 000 : 3 (2 SR + 1 SF) = 38 333

Le 8e siège est accordé à C (dont la nouvelle PFM devient 95 000 : 3(2 SR + 1 SF) = 31 660), le 9e siège est attribué à A (dont la nouvelle PFM devient 175 000 : 5(4 SR + 1 SF) = 35 000), et le 10e siège est décerné à B.

Donc : A = 4 sièges (3 + 1), B = 2 sièges (1 + 1), C = 2 sièges (1 + 1), D = 0 siège, E = 2 sièges.

Par rapport à la méthode des PFR, le parti A (le plus puissant) gagne 1 siège, le parti D (le plus faible) perd 1 siège. En conséquence, cette méthode de la PFM favorise les grands partis aux dépens des petits.

3) Les modes de scrutin mixtes

Les modes de scrutin mixtes empruntent à la fois au système majoritaire et à la RP. Le législateur peut les faire varier à l'infini, d'un système mixte à dominante majoritaire (Italie [de 1993 à 2005], Japon) ou à dominante proportionnelle (Allemagne, Italie depuis 2005).

En Italie, où le bicaméralisme est strictement égalitaire, la RP – facteur de multipartisme intégral – a été abandonnée en 1993 au profit d'un mode de scrutin mixte à forte dominante majoritaire pour les élections législatives et sénatoriales. Depuis une nouvelle réforme initiée en 2005 par le gouvernement Berlusconi en vue des échéances électorales de 2006, les modes de scrutin législatif et sénatorial restent mixtes malgré le rétablissement de la RP puisque celle-ci a été affectée d'une prime à la majorité pour la coalition arrivée en tête (prime calculée au niveau national pour la Chambre des députés et sur des bases régionales au Sénat).

Au Japon, depuis la réforme électorale de 1994, 300 députés sont élus au SUM1T, et les 200 autres à la RP dans le cadre de circonscriptions régionales.

En Allemagne, le système du double vote confère une grande originalité au scrutin mixte. Les 598 sièges au *Bundestag* sont répartis sur une base égalitaire (299 + 299) en deux catégories. Les députés sont élus au SUM1T dans le cadre de circonscriptions fédérales, et à la RP (selon le système de « Hare-Niemeyer ») dans le cadre de chaque *Land*. L'électeur dispose donc de 2 voix, et vote 2 fois en utilisant un bulletin divisé en 2 parties. Le second vote (pour les listes présentées par les partis dans le cadre du *Land*) est déterminant ; en effet, l'attribution totale des sièges est réalisée par référence aux sièges de *Land* : donc, si (dans un *Land*) les sièges obtenus au titre des premiers votes (SUM1T) dépassent le nombre de sièges auquel il a droit au titre des seconds votes (liste et RP), il conserve les sièges excédentaires et le nombre de députés au *Bundestag* est augmenté d'autant (« *Überhangsmandate* », 614 sièges en 2005 au lieu des 598 théoriques). L'octroi de ces sièges avec la deuxième voix, donc au titre de la RP, est lié à l'obtention de 3 mandats directs avec la première voix (SUM1T) ou de 5 % des suffrages au plan fédéral avec la deuxième voix (RP). La RP joue donc un rôle prépondérant ici, et certains auteurs parlent même de RP « personnalisée ».

La Fédération de Russie connaissait également le mode de scrutin mixte puisque la moitié des députés de la *Douma* d'État était élue au SUM1T, l'autre moitié à la RP : ce mode de scrutin a été abandonné au profit de la RP lors des législatives de décembre 2007 (proportionnelle intégrale mais avec un seuil de représentativité de 7 % pour obtenir des sièges).

De même, en Ukraine où la moitié des députés de la *Verkhovna Rada* (Parlement monocaméral dans l'attente du bicaméralisme) était élue au SUM1T, l'autre moitié à la RP (avec un seuil de représentativité de 4 %) ; mais, depuis les législatives de septembre 2007, tous les députés ukrainiens sont dorénavant élus à la RP (avec un seuil de représentativité de 3 %)

S'agissant de la France, un mode de scrutin mixte est mis en œuvre lors des élections régionales (loi du 11 avril 2003), et lors des élections municipales pour les communes de 3 500 habitants et plus.

b) Les effets des modes de scrutin

1) Le scrutin majoritaire

Le scrutin majoritaire (uninominal et de liste) est un miroir déformant de la réalité politique, surtout le scrutin majoritaire à un tour.

• Le scrutin uninominal majoritaire à un tour

Ce mode de scrutin est utilisé aux États-Unis, au Royaume-Uni, et dans la plupart des autres pays anglo-saxons.

Avantages : aux législatives, ce mode de scrutin favorise le bipartisme, l'élection du Premier ministre au suffrage universel quasi direct, la formation de majorités parlementaires stables et cohérentes, la stabilité gouvernementale et le gouvernement de législature.

Inconvénients : ce mode de scrutin écrase la réalité politique. Le vote utile entraîne la non-représentation des courants minoritaires, et donc l'apparition d'une opposition extra-parlementaire. Les électeurs les moins convaincus, dits « flottants », font la décision. Ce système électoral est particulièrement injuste, surtout aux dépens du troisième parti (le parti « libéral-démocrate » au Royaume-Uni, État où la Chambre des Communes, avec ses 659 députés, est numériquement la chambre démocratique la plus importante). Lors des législatives de mai 2005, le parti travailliste n'a obtenu que 35,2 % des voix mais 55,10 % des sièges, le parti conservateur 32,3 % des voix et 30,5 % des sièges, le parti libéral-démocrate 22 % des voix et seulement 9,6 % des sièges. Exceptionnellement, le parti vainqueur en sièges est minoritaire en voix : les conservateurs britanniques ont ainsi obtenu le poste de Premier ministre aux dépens des travaillistes en 1951, alors qu'en 1974 ce sont les travaillistes qui ont tiré profit d'un tel scénario.

• LE SCRUTIN UNINOMINAL MAJORITAIRE À DEUX TOURS

Le SUM2T (ou scrutin d'arrondissement), qui a été le mode de scrutin législatif sous la IIIe République (sauf de 1885 à 1889, et de 1919 à 1927), n'est désormais plus utilisé pour les élections législatives, hormis en France (Ve République, sauf en 1986 [RP]) et en Macédoine. Ce mode de scrutin a des conséquences sur le choix des électeurs : « Au premier tour on choisit, au second on élimine » (Bracke, député socialiste du début du XXe siècle). Les désistements en vue du second tour sont décisifs car ils sont généralement suivis par les électeurs.

Avantages : ce mode de scrutin favorise l'apparition du multipartisme tempéré bien que la IIIe République ait connu avec ce mode de scrutin (dit d'arrondissement) le multipartisme intégral, sauf de 1899 à 1913. Sous la Ve République, ce système électoral a facilité la bipolarisation et la stabilité gouvernementale, qui ont d'ailleurs été renforcées par l'élection du président au suffrage universel direct (et au SUM2T), et par la rationalisation du régime parlementaire. Et même, depuis les législatives de 2002, la France connaît le bipartisme (cf. *supra*, p. 71).

Inconvénients : moins injuste que le scrutin majoritaire à un tour, ce système électoral provoque cependant une sous-représentation des extrêmes et une sur-représentation des modérés (ainsi, en France, faute d'allié au second tour, le FN ne remporte aucun siège aux législatives de juin 2002 en dépit des 11,11 % de voix obtenues au 1er tour, et malgré la présence de son leader [J.-M. Le Pen] au second tour de l'élection présidentielle qui s'était déroulée quelques semaines auparavant) ; de plus, aux mêmes législatives de 2002, avec 52,80 % des suffrages (au second tour) la droite (UMP et UDF) obtient 69,20 % des sièges (369 UMP + 30 UDF = 399/577) alors que la gauche, avec

45,30 % des voix, ne dispose que de 30,80 % des sièges (141 PS + 21 PCF + 7 PRG + 6 divers gauches + 3 Verts = 178/577) ; sous la Ve République, cette sous-représentation des extrêmes est accentuée par l'existence d'un seuil pour se présenter au second tour : en cas de ballottage, seuls peuvent participer au 2e tour les candidats qui ont obtenu au 1er tour un nombre de voix au moins égal à 12,5 % des électeurs inscrits (contre 5 % des suffrages exprimés de 1958 à 1966, 10 % des électeurs inscrits jusqu'en 1976 [scrutin de liste départementale à la RP aux législatives de mars 1986]).

2) La représentation proportionnelle

La RP a été le mode de scrutin législatif de la France de 1919 à 1928, de 1945 à 1958, et en 1986. Aujourd'hui, aux législatives, la RP est le mode de scrutin de la plupart des pays de l'Union européenne, à savoir 21/27 (tous les États connaissent la RP sauf le Royaume-Uni [SUM1T], la France [SUM2T], l'Italie [scrutin mixte], l'Allemagne [scrutin mixte à dominante proportionnelle], la Hongrie [scrutin mixte], et la Lituanie [scrutin mixte]). La RP est aussi le mode de scrutin de certains États de la CEI (dont la Russie depuis la réforme de 2005), et de plusieurs États de l'Europe centrale, orientale et balte (Pologne, République tchèque, Slovaquie, Bulgarie, Roumanie, Slovénie, Bosnie-Herzégovine, Serbie, Monténégro, Kosovo, Estonie, Lettonie [États désormais tous membres de l'Union européenne, sauf la Bosnie-Herzégovine, la Serbie, le Monténégro, le Kosovo]). Afin d'éviter l'émiettement de la représentation, le législateur a presque toujours prévu un seuil de représentativité à 5 % des suffrages exprimés (parfois 3 % ou 4 %, ou même 7 % [Russie]) ; la répartition des sièges de restes à la plus forte moyenne et le découpage d'une circonscription électorale de dimension réduite (*Land*, région, département) permettent également de limiter les effets multiplicateurs de la RP sur le nombre de partis politiques siégeant à la chambre basse. Au contraire, en Israël, il suffit de 1,5 % des suffrages exprimés pour avoir un élu à la *Knesseth*, et cette exigence n'est que de 0,67 % aux Pays-Bas pour obtenir un siège (de député) à la Seconde Chambre des États généraux (chambre basse).

Avantages : la RP répond à l'idéal de justice ; en effet, elle donne une photographie très nette des courants politiques, surtout si les sièges sont attribués selon la méthode des PFR, et encore plus si l'ensemble du territoire national forme la circonscription, mais à condition qu'il n'existe pas de seuil de représentativité, ou que ce seuil soit très bas (moins de 2 %).

Inconvénients : l'appareil des partis joue un rôle déterminant dans la constitution des listes. La RP favorise le multipartisme intégral. Lors de la désignation du Premier ministre, les parlementaires ou même les états-majors des partis politiques s'entremettent entre la volonté des électeurs et la réalité du pouvoir : la démocratie représentative se transforme en démocratie des parlementaires (IVe République), et parfois en partitocratie (Italie de 1947 à 1993). En régime parlementaire, la RP génère l'instabilité gouvernementale, et la dissolution n'est qu'un coup d'épée dans l'eau, car la RP amortit de manière excessive les conséquences parlementaires des mouvements d'opinion. Cependant, de nombreux pays qui ont recours à la RP connaissent actuellement le multipartisme tempéré ou même le bipartisme (Espagne, Portugal, Grèce...) et la stabilité gouvernementale : ceci s'explique notamment par le net déclin des partis communistes (Espagne, Portugal...), et par l'instauration d'un seuil de représentativité. Bien évidemment, plus ce seuil de représentativité est élevé, moins la représentation est proportionnelle !

3) Les modes de scrutin mixtes

Aux législatives, ces modes de scrutin sont pratiqués notamment au Japon, en Allemagne, en Italie, en Géorgie, et dans plusieurs pays de l'Europe centrale, orientale et balte, qui se sont souvent inspirés du modèle allemand (Hongrie, Croatie, Albanie, Lituanie).

Les modes de scrutin mixtes cumulent les avantages du scrutin majoritaire et de la RP, mais sans en additionner les inconvénients. Ils satisfont à l'idéal de justice, tout en favorisant l'apparition du multipartisme tempéré, voire du bipartisme approché (Allemagne). Toutefois, l'Italie semblait être l'exception à la règle : l'introduction d'un mode de scrutin mixte en 1993 (législatives et sénatoriales) a certes permis la bipolarisation en facilitant la formation de coalitions avant les élections, mais il a fallu attendre mai 2001 avec la victoire électorale de « La Maison des Libertés » (cartel de partis de droite dominé par Forza Italia) aux dépens du Pôle de l'Olivier (cartel des partis de gauche dominé par le PDS [Parti démocratique de la gauche]) pour que la péninsule connaisse enfin le multipartisme tempéré et le parlementarisme majoritaire (formation du gouvernement Berlusconi II en juin 2001, auquel a succédé Berlusconi III [avril 2005 - mai 2006]). Or, ce parlementarisme majoritaire a été remis en cause par les réformes électorales de 2005 (cf. supra, p. 79) : en effet, aux législatives et aux sénatoriales d'avril 2006, la coalition de gauche menée par Romano Prodi a obtenu une majorité parlementaire certes confortable à la Chambre des députés (340/630) mais tellement restreinte au Sénat que le gouvernement Prodi investi par chacune des deux assemblées (bicaméralisme égalitaire) a connu une première crise ministérielle en février 2007 (formation d'un nouveau gouvernement Prodi en mars), puis une seconde crise en janvier 2008 (chute du gouvernement Prodi à la suite du refus de la confiance par le Sénat), et enfin la dissolution en février de la Chambre des députés et du Sénat par Giorgio Napolitano, le président de la République italienne.

Bien que les nouveaux modes de scrutin soient moins favorables que les précédents à l'avènement du parlementarisme majoritaire, l'Italie a toutefois l'assurance de bénéficier de la stabilité gouvernementale à la suite des élections législatives et sénatoriales des 13 et 14 avril 2008 ; Walter Veltroni, leader du Parti démocrate (PD, centre gauche, né de la fusion en 2007 du PDS [Parti démocratique de la gauche] avec le parti de « La Marguerite » [d'inspiration démocrate-chrétienne]), et Silvio Berlusconi, chef de *Forza Italia* (droite), ont en effet permis l'émergence du bipartisme en renonçant aux « coalitions caravansérails » à deux mois des élections parlementaires ; ainsi, dès février 2008, W. Veltroni a refusé toute alliance électorale avec les centristes et les communistes, cependant que S. Berlusconi a réussi à dissoudre ses anciens partenaires de droite dans une liste unique, le Peuple de la Liberté (PDL). Le PDL (largement majoritaire dans chacune des deux chambres) et le Parti démocrate ont obtenu à eux deux 71 % des voix et 77 % des sièges aux législatives, 72 % des suffrages et 80 % des sièges aux sénatoriales. Le nouveau locataire du *Palazzo* Chigi, S. Berlusconi, a la quasi-certitude d'être un Premier ministre de législature dans un système désormais bipartisan !

La théorie de la séparation des pouvoirs

CHAPITRE 4

Développée par Montesquieu, la théorie de la séparation des pouvoirs suppose que les trois fonctions, exécutive, législative et juridictionnelle soient exercées par trois organes différents, et que les pouvoirs soient égaux et complémentaires. L'exécutif (moniste ou dualiste) exécute les lois, dirige l'Administration, conduit la politique étrangère et la politique de défense. Le Parlement (monocaméral ou bicaméral) vote les lois, contrôle l'exécutif, exerce des compétences financières et, parfois même, judiciaires. La théorie classique de la séparation des pouvoirs semble avoir vieilli en raison du renforcement de l'exécutif aux dépens du Parlement dans les démocraties contemporaines, tandis qu'émerge un « pouvoir juridictionnel », ou plutôt un « contre-pouvoir juridictionnel ».

1 La théorie classique de la séparation des pouvoirs

Déjà envisagée par Aristote (384-322 avant J.-C.), mais surtout préconisée par John Locke dans son *Second Traité du gouvernement civil* (*Essay on the Government,* 1690), la théorie de la séparation des pouvoirs a été reprise et enrichie par Montesquieu (*De l'Esprit des Lois,* 1748).

Exposé de la théorie classique

a) La séparation des organes et la séparation des fonctions

La grande préoccupation de Montesquieu est d'éviter que le pouvoir, établi pour le bien commun, ne débouche sur un absolutisme qui porterait atteinte aux libertés individuelles. La théorie de la séparation des pouvoirs est à la fois une barrière contre l'absolutisme du souverain, de l'aristocratie ou du peuple, et un plaidoyer en faveur du « gouvernement » modéré et libéral, sans que celui-ci soit forcément démocratique, Montesquieu n'ayant jamais préconisé l'établissement du suffrage universel.

Montesquieu distingue trois fonctions (ou « puissances ») différentes : la *fonction législative* (élaboration des règles générales), la *fonction exécutive* (exécution des règles générales), et la *fonction juridictionnelle* (règlement des litiges). À l'exercice de chaque fonction correspond un pouvoir : le *pouvoir législatif*, le *pouvoir exécutif* et le *pouvoir judiciaire*. Et surtout, chaque pouvoir doit être confié à un organe distinct : le pouvoir législatif au Parlement, le pouvoir exécutif au chef de l'État et (éventuellement) au chef de gouvernement (et aux ministres), enfin le pouvoir judiciaire aux juridictions (cette dernière puissance est politiquement nulle puisque les magistrats ne font qu'appliquer la loi).

b) L'équilibre des pouvoirs

Selon Montesquieu, les pouvoirs doivent être non seulement séparés mais égaux. L'équilibre est une condition de la séparation entre les pouvoirs. En effet, au plan juridique, l'équilibre entre les pouvoirs permet d'éviter que l'un d'entre eux ne s'octroie les autres, et ne s'empare ainsi de la souveraineté nationale ; au plan politique, l'équilibre permet d'éviter qu'une seule autorité ne parvienne à concentrer les pouvoirs entre ses mains, ce qui remettrait en cause les libertés des citoyens.

c) La complémentarité des pouvoirs

Montesquieu n'a pas une conception absolue de la séparation des pouvoirs, puisque « ... Les trois pouvoirs doivent aller de concert ». Les trois pouvoirs ne sont pas antagonistes mais complémentaires, notamment les pouvoirs exécutif et législatif. Ainsi, en France par exemple, la loi votée par le Parlement, pour avoir force exécutoire, a besoin du secours de l'exécutif : le président de la République promulgue la loi dans les 15 jours qui suivent la transmission au gouvernement de la loi définitivement adoptée.

■ *La mise en œuvre de la théorie classique dans les États libéraux*

a) L'exécutif et le pouvoir exécutif

1) Les fonctions traditionnelles de l'exécutif

- ***L'exécution des lois :*** cette fonction est confiée au président américain (C, 1787), au président de la République française (IIIe République, LC du 25 février 1875), au président du Conseil (IVe République, C, 27 octobre 1946), à la fois au chef de l'État (compétence d'attribution) et au Premier ministre (compétence de droit commun) sous la Ve République. En l'occurrence, l'exécutif dispose du pouvoir réglementaire, c'est à dire du pouvoir de prendre des actes de portée générale et impersonnelle : pouvoir réglementaire dérivé ou complémentaire (d'exécution des lois), lequel a été consacré en France par la Constitution de l'an VIII (1799). En outre, l'application de la loi nécessite « le maintien de l'ordre public », tâche qui incombe à l'exécutif.

– ***La direction de l'Administration :*** cette fonction suppose une certaine liberté dans l'organisation des Services de l'exécutif ; ainsi, en France, l'exécutif peut modifier la structure gouvernementale sans en référer au pouvoir législatif (49 membres dans le gouvernement Rocard II, 23 juin 1988-15 mai 1991, et seulement 21 dans le gouvernement Fillon I (au 18 mai 2007). La direction de l'Administration confère à l'exécutif le pouvoir de nommer et de révoquer les fonctionnaires. En France, ce pouvoir est confié soit au chef de l'État (IIIe République), soit au président du Conseil (IVe République), ou partagé (Ve République) entre le chef de l'État (nomination aux emplois « supérieurs » de l'État, civils et militaires) et le Premier ministre (nomination aux emplois civils et militaires « ordinaires » de l'État).

– ***La politique étrangère :*** l'exécutif est chargé de la direction de la politique étrangère. Ainsi, le chef de l'État (ou le chef du gouvernement) représente l'État sur le plan international ; souvent, le chef de l'État accrédite les ambassadeurs auprès des autres États (et réciproquement les ambassadeurs étrangers doivent être accrédités auprès de lui) ; de plus, notamment en France, le président signe et ratifie les traités, mais la ratification des traités (les plus importants) doit être autorisée par le Parlement.

– ***La défense :*** elle suppose que les décisions soient prises rapidement (utilisation des armées), ce qui confère à l'exécutif une nette supériorité sur le législatif ; toutefois, la déclaration de guerre, acte solennel et important, est de la compétence du Parlement. La décision de déclencher une attaque nucléaire revient généralement au chef de l'État, lequel est souvent le chef des armées (France, États-Unis, Russie).

– ***La participation de l'exécutif à la fonction législative :*** l'intervention de l'exécutif dans le déroulement de la procédure législative est caractéristique d'un régime de collaboration des pouvoirs ou de séparation souple entre les pouvoirs (régime parlementaire) ; ainsi, l'exécutif possède notamment le droit d'initiative des lois.

2) Les deux formes de l'exécutif

• L'EXÉCUTIF MONISTE

L'exécutif est moniste quand les compétences de l'exécutif sont dévolues à un seul organe. L'exécutif moniste peut être unipersonnel : le président des États-Unis, le roi de France (C, 1791), le président de la République française (C, 1848, IIe République). L'exécutif moniste peut être collégial, plusieurs personnes étant associées pour gouverner : 5 sous le Directoire (C, an III, 1795), 3 sous le Consulat (C, an VIII, 1799). L'un des membres de l'exécutif collégial risque de s'imposer aux dépens des autres (Napoléon Bonaparte sous le Consulat). Le monisme de l'exécutif est un des critères du régime présidentiel.

Le présidentialisme s'accommode aussi bien d'un exécutif moniste que d'un exécutif dualiste. Ainsi, le présidentialisme latino-américain se caractérise notamment par l'absence de Premier ministre, alors que le présidentialisme africain a le plus souvent mis un terme au monisme de l'exécutif à l'occasion du mouvement de constitutionnalisme qui s'est développé en Afrique noire depuis 1990 (cf. *infra*, pp. 170-171).

• L'EXÉCUTIF DUALISTE

L'exécutif est dualiste quand les compétences de l'exécutif sont partagées entre deux organes, un chef de l'État et un gouvernement. Habituellement, il existe une nette prépondérance du gouvernement, avec à sa tête le Premier ministre, sur le président ou le monarque (régime parlementaire), même si le président est parfois doté de pouvoirs importants (France, Vᵉ République, régime parlementaire en période de cohabitation). Parfois, il existe une nette prééminence du chef de l'État, élu au suffrage universel direct, sur le Premier ministre et son gouvernement (pratique présidentialiste du régime sous la Vᵉ République ; régime présidentialiste dans 10 des 11 États de la CEI, dont la Russie ; présidentialisme africain dans la quasi-totalité des États d'Afrique noire séduits par le constitutionnalisme depuis 1990) (cf. *infra*, pp. 170-171).

b) Le Parlement et le pouvoir législatif

1) Les fonctions traditionnelles du Parlement

- ***Le vote des lois :*** d'un point de vue organique, la loi est définie comme l'acte édicté par le Parlement suivant la procédure législative en vigueur. Dans l'État fédéral, la Constitution détermine les compétences législatives du centre (Parlement fédéral), et celles de la périphérie (Parlement de chacun des États fédérés). Que l'État soit fédéral ou unitaire, il est rare que la Constitution (comme en France) répartisse les matières entre le domaine de la loi (art. 34 C, Vᵉ République) et celui du règlement (règlement autonome de l'art. 37 C), ce qui témoigne du renforcement de l'exécutif aux dépens du législatif (cf. *infra*, p. 95). Dans les démocraties pluralistes modernes, le constituant a souvent instauré le référendum législatif, faisant ainsi du peuple « le législateur d'un jour » (Charles de Gaulle).
- ***La désignation de l'exécutif :*** le Parlement (en République) élit le chef de l'État (ou participe à son élection) en régime parlementaire, sauf lorsque le président est élu au suffrage universel direct. Le Parlement collabore à la désignation du gouvernement en donnant son accord préalable (vote d'investiture) ou postérieur à la nomination du Premier ministre et des autres membres du gouvernement (régime parlementaire) ; parfois même, la chambre basse élit le chef de gouvernement (élection du chancelier allemand par le *Bundestag*, C, 1949).

- ***Le contrôle de l'exécutif :*** le contrôle de l'action de l'exécutif se manifeste par la mise en jeu éventuelle de la responsabilité politique du gouvernement (parlementarisme), et par le recours à diverses procédures, telles que l'interpellation, les questions au gouvernement (parlementarisme), les commissions d'enquête (régimes parlementaire et présidentiel).
- ***La fonction financière :*** l'élaboration de la loi de finances (autorisation) et le contrôle de l'exécution du budget caractérisent les pouvoirs financiers du Parlement.
- ***La fonction judiciaire à l'égard de l'exécutif :*** dans certains États, le Parlement se constitue directement en juridiction (le Sénat aux États-Unis, la Chambre des Lords au Royaume-Uni), à moins que le constituant n'ait créé une juridiction composée de membres choisis au sein du Parlement ; en France, le président est responsable devant la Haute Cour (composée de l'ensemble des députés et des sénateurs), et les membres du gouvernement sont pénalement responsables des crimes ou délits commis dans l'exercice de leurs fonctions devant la Cour de Justice de la République (6 députés + 6 sénateurs + 3 magistrats).

2) Les deux formes du Parlement

• LE MONOCAMÉRALISME

Les partisans du monocaméralisme (ou monocamérisme) prétendent que la division du Parlement en deux chambres est une cause d'affaiblissement du pouvoir législatif et une source de complications, notamment en freinant le travail parlementaire. L'existence d'une seconde chambre présente surtout des inconvénients lorsque le bicaméralisme est strictement égalitaire (USA [où le bicamérisme est lié au fédéralisme], Italie, France sous la IIIe République) ou égalitaire uniquement pour l'adoption de certaines lois (France [Ve République], lois constitutionnelles, et lois organiques relatives au Sénat ou à la citoyenneté européenne [droit de vote et éligibilité aux élections municipales des ressortissants communautaires résidant en France]). Apparemment, il n'est pas normal que le Sénat de la IIIe et de la Ve Républiques, élu au suffrage indirect, puisse s'opposer à la volonté de la chambre basse dont l'élection est plus démocratique : opposition du Sénat à des réformes novatrices durant l'Entre-deux-guerres (exemple du vote des femmes empêché par le Sénat), et au projet de révision constitutionnelle (1990) sur la saisine indirecte du Conseil constitutionnel par les justiciables au moyen de l'exception d'inconstitutionnalité (à propos d'une loi concernant les droits fondamentaux). La création d'une commission mixte paritaire aide à surmonter le blocage : *Conference Committee* aux USA, *Vermittlungsausschuss* en Allemagne où – en l'absence de compromis – le *Bundestag* peut surmonter à une majorité qualifiée l'opposition du *Bundesrat*, alors que le bicaméralisme est égalitaire pour l'adoption des « lois fédératives » (à savoir celles qui touchent plus ou moins directement aux intérêts des *Länder*).

Des arguments spécifiques à chaque État justifient le monocaméralisme ; ainsi, dans certains pays européens, la chambre unique résulte de traditions locales ou d'une superficie géographique restreinte (exemple des démocraties nordiques : Suède, Danemark, enfin la Norvège et la Finlande où le monocaméralisme est « atténué » ; de même, monocaméralisme au Portugal et au Luxembourg). En France, les constituants de 1791, 1793 et 1848 ont voulu conférer à une chambre unique l'intégralité du pouvoir législatif et faire du Parlement un organe puissant. En Afrique noire, les partisans du monocaméralisme aux dépens du bicaméralisme critiquent notamment l'utilisation de la seconde chambre par le président de la République dans le but de neutraliser la chambre basse, surtout lorsque les sénateurs sont désignés en partie par le chef de l'État ! Dans l'État unitaire, le monocaméralisme est un des critères du régime d'assemblée, alors que le parlementarisme s'accommode aussi bien du monocaméralisme que du bicaméralisme.

- Le bicaméralisme

Actuellement, près de 70 pays connaissent le bicaméralisme et une dizaine de pays supplémentaires envisagent de créer un Sénat.

– ***Dans l'État fédéral*** le bicaméralisme est une nécessité, puisqu'il convient de représenter les États membres au sein du Parlement fédéral ; généralement, chaque État fédéré a le même nombre de représentants, ce qui protège les collectivités étatiques les plus petites et les moins peuplées (cf. *supra*, pp. 27-28). Les membres de la chambre haute sont désignés soit par les organes de l'État fédéré, soit (le plus souvent) par le peuple lui-même. Le constituant a parfois instauré un bicaméralisme égalitaire (ex-URSS, Suisse) ; et même, aux États-Unis, le Sénat exerce seul certaines attributions importantes (cf. *infra*, pp. 109-110). Mais, ordinairement, le bicaméralisme est inégalitaire dans l'État fédéral (Russie, Canada, Allemagne...) ; d'ailleurs, en Belgique même, le bicaméralisme égalitaire a été remis en cause par la transformation du pays en État fédéral (Constitution du 17 février 1994) : le Sénat, malgré son caractère démocratique (élection de 40 sénateurs sur 71 au suffrage universel direct, et 31 au suffrage indirect), ne peut plus renverser le gouvernement et, en matière législative, son accord ne demeure indispensable que pour les lois relatives à l'organisation des pouvoirs publics (C, 1994). En Allemagne, bien que le bicaméralisme soit inégalitaire, le *Bundesrat* peut devenir un précieux allié du gouvernement ; en effet, si le *Bundestag* ne parvient pas à élire un nouveau chancelier après avoir refusé d'accorder sa confiance au gouvernement et que le *Bundestag* n'est pas dissous, le président fédéral peut alors – sur demande du chancelier minoritaire – proclamer « l'état de nécessité législative » (*Gesetzgebungsnotstand*, art. 81 LF) pour un projet de loi « déclaré urgent » et qui a été « rejeté » (par deux fois) ou « dénaturé » par le *Bundestag* : l'adoption du texte par le seul *Bundesrat* permettra au chancelier d'obtenir les moyens juridiques et financiers qu'il estime nécessaires pour gouverner.

Enfin, dans l'État fédéral (de même que dans l'État unitaire) le bicaméralisme égalitaire est parfois générateur d'un blocage institutionnel du régime parlementaire lorsque les majorités des deux assemblées diffèrent.

– ***Dans l'État unitaire***, l'instauration du bicaméralisme n'est pas indispensable et résulte donc de la volonté politique du constituant. Les thuriféraires de la seconde chambre développent les arguments les plus divers : la nécessité de créer un contrepoids aux errances démagogiques d'une chambre basse élue au suffrage universel direct, l'amélioration technique et juridique des textes législatifs grâce au double examen dont ils font l'objet, l'existence de délais propices à la réflexion, le caractère modérateur de la chambre haute qui pallie les excès d'une chambre basse trop ancrée à droite ou à gauche. De plus, le Sénat peut être un précieux allié du gouvernement contre la chambre basse ; en France, c'est dans cet esprit que le Sénat a été conçu par le constituant de 1958, le général de Gaulle n'ayant prévu ni l'avènement du phénomène majoritaire (dès novembre 1962), ni l'opposition du Sénat au gaullisme de 1962 à 1969.

Exceptionnellement, la chambre haute est « aristocratique » : la Chambre des Lords au Royaume-Uni en est la seule illustration en démocratie ; cette exception britannique semble d'ailleurs menacée depuis le *House of Lords Act* de novembre 1999 qui a réduit de 759 à 92 le nombre de pairs héréditaires (élus par leurs homologues), auxquels s'ajoutent 524 pairs viagers et 26 « *Lords spirituels* » représentant l'Église anglicane ; à l'avenir, la Chambre des Lords risque même de disparaître au profit d'une chambre d'environ 550 membres pour la plupart nommés par la Reine, mais en réalité désignés pour un mandat de 15 ans par une commission indépendante des partis.

Rarement, la seconde chambre est « corporative » : elle assure alors la représentation des intérêts économiques et sociaux. Une telle chambre a été mise en place dans certains États à l'époque du fascisme : la « Chambre des Faisceaux et Corporations » dans l'Italie de Mussolini (où elle était d'ailleurs qualifiée de Première Chambre), la « Chambre des Conjonctions » dans le Portugal de Salazar ; une chambre représentant les forces socioprofessionnelles existait également dans l'ex-Yougoslavie de 1953 à 1974 (chambre créée sous le régime communiste du maréchal Tito) ; actuellement, parmi les États démocratiques, seules la Slovénie avec le Conseil national (*Drzavni Svet*) et l'Irlande avec le *Seanad Eireann* se sont dotées d'une telle chambre, alors que le peuple français a rejeté – le 27 avril 1969 – par référendum le projet de révision constitutionnelle sur la transformation du Sénat en chambre économique et sociale, et sur la création des régions ; le *Seanad Eireann* se singularise également pour être – en démocratie – une chambre haute qui ne procède pas de l'élection (60 membres dont 11 désignés par le Premier ministre, 43 par les organisations socioprofessionnelles, et 6 par les universités).

Parfois, la chambre haute est « démocratique » : Sénat italien élu au suffrage universel direct, la chambre haute des *Cortes generales* dont la majorité des membres est élue au suffrage universel direct (Espagne).

Habituellement, la seconde chambre est une « assemblée de notables » représentant des collectivités territoriales, et le bicaméralisme est d'inspiration conservatrice, surtout lorsque les sénateurs possèdent des pouvoirs importants (bicaméralisme égalitaire en France sous la IIIe République) ; le plus souvent, par rapport aux députés, les sénateurs sont plus âgés, disposent d'un mandat parlementaire plus long, et sont élus selon un mode de scrutin différent, un suffrage indirect à deux ou trois degrés.

Le bicaméralisme est en déclin dans les démocraties pluralistes anciennes ; ainsi, des chambres hautes ont disparu, notamment dans les pays nordiques (Danemark, 1953 ; Suède, 1969). Le bicaméralisme est tellement dévoyé en Norvège et en Finlande qu'il vaut mieux parler de monocaméralisme « atténué » : en l'occurrence, l'assemblée unique, élue globalement, se divise ensuite en deux « Sections » (Norvège), ou en « Assemblée plénière » et « grande Commission » (Finlande) qui délibèrent séparément. En Nouvelle-Zélande, le bicaméralisme a été aboli en 1950.

Dans les États unitaires, le bicaméralisme (quand il subsiste) se caractérise de plus en plus par un renforcement de la chambre basse aux dépens de la seconde chambre. Le Sénat de la Ve République (même rénové par rapport au Conseil de la République établi en 1946) est en net déclin par rapport au Sénat de la IIIe République. Au Royaume-Uni, la Chambre des Lords a perdu l'essentiel de ses pouvoirs, surtout en matière financière (1911) et législative (1911 et 1949). Pour subsister, le bicaméralisme égalitaire suppose la démocratisation de la chambre haute, comme en Italie. Or, en Espagne (C, 1978), bien que démocratique le Sénat possède des pouvoirs comparables à ceux du Conseil de la République de 1946 (IVe République) (cf. *infra*, pp. 142-143).

En revanche, des secondes chambres sont créées dans plusieurs États unitaires qui ont accédé récemment à la démocratie, que ce soit en Europe centrale et orientale (Pologne, Roumanie, République tchèque, Slovénie, Croatie), ou en Afrique (Afrique du Sud, Botswana...) ; toutefois, en Croatie, la « Chambre des Comitats » (chambre des régions, « *Zupanijski Dom* ») qui avait été créée en 1990 a été supprimée en 2001 au profit du monocaméralisme. Pour les États anciennement communistes, le bicaméralisme est un gage de modération et de stabilité du pouvoir ; ainsi, même sans être tous des exemples de démocratie..., plusieurs États unitaires membres de la CEI se sont également dotés d'un Sénat (le Bélarus, le Tadjikistan, l'Ouzbékistan, le Kazakhstan, et bientôt l'Ukraine et la Géorgie, alors que la chambre haute instaurée au Kirghizistan en 1994 a été supprimée en 2003). Enfin, pour les États africains, le bicaméralisme est souvent le moyen d'assurer une représentation institutionnelle des chefs coutumiers.

2 L'inadaptation de la théorie classique dans les démocraties pluralistes modernes

Élaborée à une époque où les partis politiques n'existaient pas (tout du moins dans leur forme moderne), la théorie de la séparation des pouvoirs a beaucoup vieilli. La séparation des organes et des fonctions, et l'équilibre des pouvoirs se trouvent désormais remis en cause par le renforcement de l'exécutif et le déclin du Parlement ; en parlementarisme majoritaire, par exemple, l'interdépendance réciproque de l'exécutif et du Parlement est telle qu'elle conduit presque à une fusion des deux organes : cette « fusion » se manifeste surtout par une concertation permanente et continue du gouvernement et des députés. En revanche, autrefois inconnu sauf aux États-Unis avec la Cour suprême, le pouvoir judiciaire ou plutôt le pouvoir « juridictionnel » s'affirme de plus en plus dans les démocraties modernes.

Le renforcement de l'exécutif

a) Les raisons de la prééminence de l'exécutif

1) L'avènement de l'État-providence

Même s'il est parfois contesté, l'État-providence, apparu dans les années 1930, a définitivement supplanté l'État-gendarme. Cet État-providence, qui organise la croissance et le plein emploi, est dominé par l'exécutif qui s'est vu reconnaître de nouvelles compétences. De plus, en matière économique et sociale, les décisions sont complexes et techniques, elle doivent être prises rapidement, et supposent d'avoir une information constante sur l'évolution conjoncturelle : seul l'exécutif est capable de prendre de telles décisions en s'appuyant sur la « technostructure administrative » (John Kenneth Galbraith, 1908-2006).

2) Le phénomène de personnalisation du pouvoir

Dans la plupart des pays, le pouvoir a tendance à s'identifier à un homme, même dans les démocraties occidentales économiquement surdéveloppées : en Allemagne avec Konrad Adenauer (1949-1963) et Helmut Kohl (1982-1998), en France avec le général de Gaulle (1958-1969), François Mitterrand (1981-1995) et Nicolas Sarkozy (mai 2007-...), au Royaume-Uni avec Margaret Thatcher (1979-1990) et Tony Blair (1997-2007), au Canada avec Pierre Elliott Trudeau (1968-1984, sauf de mai 1979 à février 1980), etc.

Cette personnalisation du pouvoir est liée à plusieurs facteurs : le déclin des idéologies partisanes et l'uniformité des programmes politiques incitent les électeurs à se déterminer en fonction de la personnalité et du style du candidat, le message politique devenant accessoire. De plus, en régime présidentiel, en présidentialisme, et en parlementarisme majoritaire, le chef de l'exécutif est élu au suffrage universel direct ou quasi direct, ce qui tend à supprimer les corps intermédiaires. En outre, le développement des médias (radio, télévision) permet au chef de l'exécutif de s'adresser directement (et personnellement) aux citoyens. Enfin, grâce au leader politique et à son image rassurante, l'individu – isolé dans les grandes métropoles – parvient à identifier l'État à une personne physique, et ainsi à mieux supporter sa morne vie « d'homme unidimensionnel » (Herbert Marcuse, 1898-1979).

3) La volonté du constituant

La méfiance à l'égard de l'exécutif a aujourd'hui disparu : le constituant et la pratique constitutionnelle ont fait de l'exécutif l'élément moteur et dynamique de tout le système politique. Cette évolution est d'autant plus justifiée que l'exécutif, souvent élu au suffrage universel direct ou quasi direct, jouit désormais d'une véritable légitimité.

b) Les manifestations de la prééminence de l'exécutif

1) Le rôle de l'exécutif dans la conduite de la procédure législative

Dorénavant, sauf dans quelques pays (États-Unis, Suisse...), l'exécutif dirige la procédure législative. Ainsi, en régime parlementaire et en régime présidentialiste, plus de 90 % des textes sont d'origine gouvernementale. De plus, la technique du « vote bloqué » (France) et du « kangourou » (Royaume-Uni) permet au gouvernement (France) et au *speaker* de la Chambre des Communes (le président des Communes agit en harmonie avec le gouvernement britannique) de faire un tri parmi les amendements parlementaires. De plus, en France notamment, le gouvernement a la maîtrise de l'ordre du jour des chambres, le Premier ministre peut engager devant l'Assemblée nationale la responsabilité du gouvernement sur le vote d'un texte, le Premier ministre peut réunir une commission mixte paritaire en cas de désaccord entre les chambres et, si le désaccord se poursuit, le gouvernement a la faculté de donner le dernier mot à l'Assemblée nationale en lui demandant de statuer définitivement ; toutefois, la LC du 23 juillet 2008 réduit, certes très partiellement, les pouvoirs que possède le gouvernement pour piloter la procédure législative : amélioration du rôle du Parlement dans la détermination de l'ordre du jour des chambres, limitation des possibilités de recourir à l'article 49 alinéa 3 C (engagement de la responsabilité du gouvernement sur le vote d'un texte), etc.

2) La délégation du pouvoir législatif à l'exécutif

Dans la plupart des démocraties occidentales (France, art. 38 C, 1958 ; Italie, art. 76 C, 1947 ; Allemagne, art. 80 LF, 1949 ; Espagne, art. 82 C, 1978), le Parlement a la possibilité d'autoriser le gouvernement à prendre des décrets qui modifient les textes législatifs (décrets-lois, IIIe et

IVe Républiques, ordonnances sous la Ve République, *statutory instruments* au Royaume-Uni). Cette habilitation est temporaire, porte sur certaines matières ou a pour but la réalisation d'un programme déterminé. Puis, généralement, ces règles de droit produites par l'exécutif sont soumises à la ratification du Parlement.

3) L'apparition du pouvoir réglementaire autonome

Traditionnellement, le domaine de la loi est illimité, l'exécutif n'intervenant qu'au moyen de décrets d'application ou d'exécution des lois (les règlements dérivés). Or, en France, la Constitution de 1958 a circonscrit le domaine de la loi : en effet, l'article 34 C dresse la liste des matières qui sont de la compétence du Parlement quand il s'agit de créer du droit. Les matières autres que celles qui sont du domaine de la loi ont un caractère réglementaire (art. 37 C). Le règlement autonome ou spontané est donc le principe, et la loi l'exception, le Parlement n'ayant plus qu'une compétence d'attribution. Les États d'Afrique noire francophone, notamment, ont presque tous adopté cette technique du règlement autonome.

4) L'exécutif et la direction de la politique nationale

Dans les démocraties modernes, les exécutifs sont à la fois des organes d'impulsion et d'action. Désormais, l'exécutif semble réunir entre ses mains le pouvoir exécutif et le pouvoir législatif, possédant ainsi le plein exercice du pouvoir politique. Une nouvelle séparation des pouvoirs apparaît, entre l'exécutif qui gouverne, en légiférant et en exécutant les lois, et un Parlement qui contrôle, tout en connaissant un réel déclin.

■ *Le déclin du Parlement*

a) Le déclin de la fonction de législation

Traditionnellement exercée par le Parlement, la fonction de législation a été en partie confisquée par l'exécutif (cf. *supra*).

De surcroît, le Parlement a été victime d'un double dessaisissement, par le bas et par le haut, de ses compétences législatives. Dans des États unitaires, comme l'Espagne et l'Italie, la décentralisation a été renforcée au point de priver le Parlement d'une partie de son pouvoir législatif au profit des collectivités régionales. Dans les États (unitaires ou fédéraux) intégrés dans des ensembles supranationaux, le déclin des compétences législatives du Parlement est parfois considérable. Ainsi, dans les 27 États de l'Union européenne, « la loi est nue » (Aimé Césaire) puisque 60 % de la législation est désormais d'origine bruxelloise, le droit communautaire dérivé (règlements, directives) entrant directement dans le patrimoine juridique des États membres (CJCE, 5 février 1963, *Van Gend and Loos*).

b) Le déclin des fonctions financières exercées par le Parlement

Dans les démocraties modernes, les assemblées ont souvent perdu l'initiative des dépenses. De plus, généralement, le budget n'est plus voté par article mais par chapitre. En outre, si le Parlement ne s'est pas prononcé – par un vote – dans un certain délai (70 jours en France), les dispositions du projet de loi de finances peuvent être mises en vigueur par ordonnance (en France, et dans la quasi-totalité des pays d'Afrique noire francophone). De surcroît, des masses importantes de dépenses sont reconduites d'année en année (services votés en France, fonds consolidés au Royaume-Uni). Enfin, avec la création de nombreux comptes spéciaux hors budget, le phénomène de débudgétisation s'est beaucoup développé.

c) Le déclin de la fonction de contrôle

En régime parlementaire, le contrôle consiste surtout dans la possibilité pour le Parlement de renverser le gouvernement. Autrefois, de nombreux pays connaissaient une instabilité gouvernementale chronique ; désormais, la progression du parlementarisme majoritaire est telle que les gouvernements sont rarement renversés.

La nouvelle séparation des pouvoirs semble passer entre l'exécutif qui gouverne (en légiférant et exécutant les lois) et le Parlement qui contrôle (cf. *supra*). En réalité, la séparation des pouvoirs contemporaine passe plutôt entre la « majorité » (exécutif + parlementaires de la majorité) qui gouverne et « l'opposition » parlementaire qui contrôle au moyen des questions écrites, des questions orales, et des travaux des commissions parlementaires.

■ *L'émergence d'un pouvoir « juridictionnel »*

L'apparition d'un pouvoir juridictionnel (ou plutôt d'un « contre-pouvoir juridictionnel » [Fabrice Hourquebie]) est reconnue par plusieurs auteurs ; ainsi, peu à peu, au terme d'un processus d'affirmation, puis d'émancipation, le « juridictionnel » aurait accédé au statut de « pouvoir », un pouvoir juridictionnel comparable au pouvoir exécutif et au pouvoir législatif ; dans un système de démocratie constitutionnelle, le juge – porté par la doctrine et l'opinion publique – posséderait une faculté d'empêcher (le contrôle, la sanction du comportement des pouvoirs) et une faculté de statuer (la création du droit lors de la co-détermination du sens final de la norme). Ce « pouvoir juridictionnel » serait surtout manifeste dans les pays qui connaissent le contrôle de constitutionnalité et qui se sont dotés d'une Cour constitutionnelle.

En France, la « montée en puissance du juge » (Conseil d'État, Cour de cassation, Conseil constitutionnel) est une des caractéristiques de la Ve République, comme le montre le renforcement du contrôle de la constitutionnalité des lois, bien que le Conseil constitutionnel se refuse à contrôler les lois constitutionnelles, les lois référendaires, et les dispositions législatives transposant purement et simplement une directive communautaire non contraire à « une règle ou un principe inhérent à l'identité constitutionnelle de la France » (CC, 30 mars 2006, *Égalité des chances, CPE* ; CC, 27 juillet 2006, *Droit d'auteur*).

Aux États-Unis, la Cour suprême (synthèse du Conseil d'État, de la Cour de cassation et du Conseil constitutionnel pour la France) illustre ce « pouvoir juridictionnel », bien qu'elle ait renoncé en 1937 à exercer un prétendu « gouvernement des juges » (cf. *infra,* p. 117). La Cour suprême des États-Unis, « dont le pouvoir n'a d'égal que son autorité morale » (J. Gicquel), a toujours joué un rôle essentiel dans le système politique américain, qu'il s'agisse de la Cour fondatrice de John Marshall (1801-1835), de la Cour conservatrice (1835-1936), de la Cour émancipatrice d'Earl Warren et de Warren Burger (1953-1986), de la Cour conservatrice de William Rehnquist (1986-2005) ou de la Cour néoconservatrice désormais présidée par John Roberts (17e et plus jeune président depuis John Marshall en 1801).

Le régime présidentiel

CHAPITRE 5

Caractérisé par le monisme de l'exécutif et par l'absence de moyens de pression réciproque entre le législatif et l'exécutif, le régime présidentiel fait preuve d'une éclatante réussite aux États-Unis. En revanche, toutes les tentatives d'exportation du modèle américain ont échoué, en France comme en Amérique latine. D'ailleurs, même aux États-Unis, la coexistence pacifique entre le Chief Executive et le Parlement le plus puissant du monde a nécessité l'apparition de moyens d'action réciproque.

1 Les caractéristiques du régime présidentiel

Les critères du régime présidentiel

La théorie de la séparation des pouvoirs a donné lieu à deux interprétations. La première, stricte, a incité en 1787 le constituant américain à dresser une cloison étanche entre les pouvoirs exécutif et législatif : le régime présidentiel. La seconde interprétation, plus souple, a amené le constituant à séparer les pouvoirs tout en les faisant collaborer : le régime parlementaire ; cette dernière conception met en relief la complémentarité entre les pouvoirs qui doivent agir de concert (cf. *supra*, p. 86) : elle est plus conforme à la pensée de Montesquieu qui avait compris que les pouvoirs commençaient à collaborer en Angleterre où, pour la première fois, la responsabilité politique (et individuelle) d'un Premier ministre – Walpole – avait été mise en jeu dès 1742 (cf. *infra*, p. 119), donc six ans avant la publication de « *De l'Esprit des Lois* ».

Le régime « présidentiel », également appelé régime de « séparation des pouvoirs » ou régime « de séparation stricte entre les pouvoirs », s'oppose donc au régime « parlementaire », également appelé régime de « séparation souple des pouvoirs » ou, mieux, régime de « collaboration entre les pouvoirs ».

En régime présidentiel, l'exécutif est moniste, le pouvoir exécutif est confié tout entier à une même personne, le président (ou le roi dans la Constitution française de 1791) qui cumule les attributions d'un chef d'État, d'un Premier ministre, et d'un gouvernement dans son ensemble. Les collaborateurs qui assistent le président (les secrétaires aux États-Unis) ne forment pas un gouvernement, organe collégial et solidaire : ils sont nommés et révoqués librement par le président, qui détermine et conduit la politique de la nation. Dans un régime présidentiel démocratique, le président – chef de l'exécutif – tire son autorité d'une investiture populaire (mais pas forcément du suffrage universel direct). Le président, doté d'une véritable légitimité, est politiquement irresponsable devant le Parlement, de même que ses secrétaires. De plus, il ne dispose pas du droit de dissolution.

Le Parlement détient tout le pouvoir législatif et budgétaire, le président ne possédant pas le droit d'initiative des lois ; il ne peut pas renverser le président, ni être dissous par lui. Le Parlement peut être monocaméral (France, C, 1791, C, 1848) ou bicaméral (États-Unis ; France, C, an III, 1795).

■ *Le régime présidentiel et ses vicissitudes*

Le modèle américain témoigne d'une réussite éclatante du régime présidentiel. Le sens politique du constituant de Philadelphie a favorisé le bon fonctionnement du régime : en effet, les « *Founding Fathers* » ou « Pères fondateurs » (George Washington, Benjamin Franklin, Alexander Hamilton, James Madison, et Robert Morris) ont strictement séparé les organes et les fonctions, mais tout en établissant entre les trois pouvoirs (dont ils se méfiaient également) un subtil équilibre fondé sur le système des *checks and balances* (freins et contrepoids). En outre, plusieurs éléments ont permis de remédier à l'absence des mécanismes constitutionnels (question de confiance, motion de censure, droit de dissolution) qui, en régime parlementaire, permettent de résoudre pacifiquement les conflits entre l'exécutif et le Parlement. Aux États-Unis, le règlement pacifique des conflits est facilité par le système du fédéralisme, par le sens du compromis dont sont dotés les responsables politiques (président et *congressmen*), par l'existence du bipartisme, par l'indiscipline des parlementaires, et surtout par l'apparition de moyens d'action du président sur le Congrès, et réciproquement.

En revanche, toutes les tentatives d'exportation du « modèle » constitutionnel américain ont échoué. En France, les Constitutions de 1791, 1795 et 1848 en sont les trois illustrations. Ces expériences ont été de courte durée, en raison du coup de force commis par l'assemblée à l'encontre du roi (1792), et par l'exécutif contre le Parlement bicaméral (coup d'État préparé par Sieyès, membre du Directoire, et exécuté par le général Bonaparte le 18 brumaire an VIII, 1799), et enfin contre l'Assemblée nationale (par le prince-président Louis-Napoléon Bonaparte le 2 décembre 1851). L'échec du régime présidentiel en France s'explique notamment par la méfiance du constituant à l'égard de l'exécutif. La séparation des organes et des fonctions a été réalisée sans respecter le principe de l'équilibre entre les pouvoirs, le constituant ayant accordé une influence prépondérante au Parlement (sauf en 1848).

Transposé dans les États d'Amérique latine au lendemain de leur accession à l'indépendance (de 1811 à 1830), le modèle de 1787 a été dénaturé par le constituant latino-américain. La séparation et l'équilibre des pouvoirs ont été gravement altérés (cf. *infra*, p. 170). La pratique du *golpe* (coup d'État) a été fréquente jusqu'à la fin des années 1970, les *pronunciamentos* ayant été favorisés par le sous-développement économique, et par l'interdiction constitutionnelle (dans presque tous les pays) faite au président de solliciter le renouvellement de son mandat.

2 Le régime présidentiel en France

La Constitution du 3 septembre 1791

La Constitution de 1791 établit une monarchie constitutionnelle et une séparation des pouvoirs presque absolue.

Le pouvoir exécutif est confié au roi, qui choisit, nomme et révoque librement les ministres, lesquels ne sont pas responsables devant la chambre. Le souverain ne possède pas l'initiative des lois ; dans la confection des lois, le roi dispose d'un veto suspensif : un texte adopté par l'assemblée mais non signé par le roi ne peut prendre force de loi qu'après avoir été voté par trois législatures successives (la durée du mandat parlementaire était de deux ans). Les ministres ne peuvent pas être membres du Parlement. Face au monarque, le Corps législatif (monocaméralisme) siège en permanence, et possède la plénitude du pouvoir législatif.

Le régime semblait évoluer vers le parlementarisme. En effet, la Constitution reconnaît l'existence des ministres ; de plus, ces derniers doivent contresigner tous les actes du roi, et endosser ainsi la responsabilité pénale des actes du souverain. D'ailleurs, le 10 mars 1792, les Girondins obtiennent de l'assemblée le vote d'un texte mettant en accusation le ministre des Affaires étrangères, de Lessart, dont la politique à l'égard de l'Autriche était contestée. Le roi accepte de révoquer non seulement de Lessart mais l'ensemble des ministres, et les remplace par des Girondins. Le 10 août 1792, en application de la Constitution, le roi oppose son veto à deux textes de l'assemblée sur les émigrés et les prêtres réfractaires. Louis XVI est suspendu de ses fonctions par la chambre ; celle-ci accapare tous les pouvoirs, puis abolit la monarchie le 20 septembre, proclame la République le 21 (an I de la République), et décide d'élaborer une nouvelle Constitution (celle de 1793).

La Constitution du 5 fructidor an III (22 août 1795)

Œuvre des survivants de la Convention, la Constitution de l'an III marque le retour à une stricte séparation des pouvoirs. L'exécutif est moniste et collégial : le Directoire, auquel le pouvoir exécutif est confié en totalité ; les 5 membres du Directoire sont élus par le Conseil des Anciens (chambre haute) qui les choisit sur une liste de 10 noms par siège à pourvoir, liste dressée par le Conseil des Cinq-Cents (chambre basse, apparition du bicaméralisme en France) ; les directeurs ne sont pas rééligibles, et le Directoire est renouvelé chaque année par l'élection d'un nouveau membre. Cet exécutif est présidé, à tour de rôle, tous les deux ans, par chacun des directeurs, qui exerce donc la fonction de chef de l'État. Le Directoire est assisté de 7 ministres, nommés et révoqués par les directeurs. Le Directoire et les ministres sont politiquement irresponsables devant le Parlement. Le Directoire ne peut pas dissoudre les chambres. Sa fonction est uniquement exécutive : il ne possède ni le droit de veto, ni le droit d'assister aux séances des assemblées.

Face au Directoire, le Conseil des Cinq-Cents (l'imagination) et le Conseil des Anciens (la sagesse) possèdent l'intégralité du pouvoir législatif, avec prééminence de la chambre basse.

Malgré cette séparation des pouvoirs « quasi schizophrénique » (Philippe Lauvaux), ou sans doute à cause d'elle... les conflits se multiplient entre l'exécutif et le Parlement. Finalement, Bonaparte réussit un coup d'État le 18 brumaire an VIII, mettant ainsi fin au régime du Directoire.

La Constitution du 4 novembre 1848 : la Seconde République

Le constituant de 1848 instaure le suffrage universel, et un régime de séparation et d'indépendance réciproque des pouvoirs, en réaction contre le régime parlementaire qui s'identifiait alors à la monarchie. En réalité, le texte dresse l'un contre l'autre un exécutif et un législatif qui procèdent tous les deux du suffrage universel direct, et possèdent des pouvoirs également puissants.

Le pouvoir exécutif est confié à un président de la République, élu directement par le peuple – pour un mandat de 4 ans – à la majorité absolue des suffrages exprimés : si aucun candidat n'obtient une telle majorité, l'Assemblée nationale (monocaméralisme) élit le président à la majorité de ses membres parmi les 5 candidats qui ont obtenu le plus de voix. Le président n'est rééligible qu'après un intervalle de 4 ans ; par cette disposition, le constituant – d'une incroyable naïveté – voulait empêcher le retour au despotisme : cette mise à l'écart de 4 ans ne sera qu'une barrière de papier face à un président, Louis-Napoléon Bonaparte, élu par le peuple le 10 décembre 1848 avec plus de 90 % des suffrages exprimés, et qui possède des pouvoirs constitutionnels importants.

Le président est le chef de l'exécutif. Ses ministres ne forment pas un gouvernement ; ils sont nommés et révocables par le président. Le chef de l'État n'a pas le droit de veto ; en revanche, il a le droit d'initiative des lois : toutefois, ce droit est limité car il est exercé après consultation d'un Conseil d'État élu par l'Assemblée nationale. Le président n'est responsable que pour haute trahison, et seulement devant la Haute Cour de Justice. Le chef de l'État ne peut pas dissoudre l'Assemblée nationale.

Ce régime de séparation des pouvoirs est cependant mâtiné de parlementarisme ; en effet, les ministres ont un droit d'entrée à l'Assemblée nationale, et y sont entendus toutes les fois qu'ils le demandent (art. 69 C) ; de plus, les ministres sont responsables devant l'Assemblée nationale de tous les actes du gouvernement et de l'administration (art. 68 C), mais la Constitution ne précise pas la nature de cette responsabilité. Les articles 68 et 69 C créent donc des conditions favorables à la transformation du régime présidentiel en régime parlementaire. Une telle évolution sera empêchée par la multiplication des conflits entre un président qui souhaite rétablir l'Empire et des députés qui veulent restaurer la Monarchie. La forte légitimité du président et les maladresses des députés (qui restreignent le pouvoir de suffrage en 1850) favorisent la réussite du coup d'État commis par Louis-Napoléon Bonaparte le 2 décembre 1851, mettant ainsi fin à cette « République sans républicains ».

3 Le régime présidentiel aux États-Unis d'Amérique

Le président, « Head of Executive »

a) Un président bénéficiant d'une forte légitimité

Le président et le vice-président (le « *ticket* ») sont presque directement élus par le peuple, pour un mandat de 4 ans, au moyen d'un système électoral complexe et suranné.

1) Le scrutin présidentiel

• L'ÉLECTION DES GRANDS ÉLECTEURS

Durant l'été précédant le scrutin, le Parti Démocrate et le Parti Républicain sélectionnent leur candidat lors de leur convention nationale, après la tenue des Caucus (réunions de délégués ou militants du parti à l'échelon local) et après l'organisation des élections primaires (« primaires fermées » [réservées aux électeurs ayant fait enregistrer leur affiliation à l'un des partis] ou « primaires ouvertes » [les électeurs peuvent voter sans affiliation préalable à l'un ou l'autre parti]) ; ordinairement, le président sortant (rééligible une seule fois) est dispensé de la campagne des « primaires » quand il sollicite un second mandat.

Chaque année bissextile, le 1er mardi qui suit le 1er lundi de novembre, dans chacun des 50 États fédérés sont élus au suffrage universel direct et au scrutin de liste majoritaire des électeurs présidentiels d'un jour, soit pour l'ensemble de l'Union 538 grands électeurs (autant que les États ont d'élus au Congrès = 535 [par référence aux 435 représentants et aux 100 sénateurs] + 3 grands électeurs attribués au District de Columbia).

• L'ÉLECTION DU PRÉSIDENT ET DU VICE-PRÉSIDENT

L'élection a lieu à la mi-décembre, à la « majorité absolue des mandats » (soit 270/538). En cas d'absence de majorité, la Chambre des Représentants élirait le président et le Sénat le vice-président : la désignation du président se ferait parmi les trois candidats ayant obtenu le plus grand nombre de suffrages, les voix étant alors recueillies par État, ce qui conférerait une prime importante aux États les moins peuplés. Cette situation est survenue en 1800 (élection de Thomas Jefferson) et en 1824 (élection de John Quincy Adams) à l'époque où le bipartisme ne fonctionnait pas parfaitement. Le mandat des grands électeurs étant impératif (coutume constitutionnelle), le scrutin à deux degrés devrait avoir les mêmes conséquences qu'une élection au suffrage universel direct. Toutefois, il est techniquement possible que le candidat obtienne la majorité absolue des mandats électoraux (Rutherford Hayes en 1876, Benjamin Harrisson en 1888 et George W. Bush en 2000), alors que son adversaire malheureux recueille la majorité des voix populaires (Samuel Tilden en 1876, Stephen Grover Cleveland en 1888 et Albert Gore en 2000). Le président élu entre en fonction le 20 janvier.

En 2000, les circonstances de l'élection du candidat républicain George W. Bush (fils de George Bush, président de 1989 à 1993) aux dépens de son adversaire démocrate Albert Gore (271 grands électeurs contre 267) ont montré le caractère anachronique et baroque du mode de scrutin présidentiel. En effet, Al Gore a obtenu 533 000 voix populaires de plus que George W. Bush ; en outre, le vote dans l'État de Floride (qui a été décisif) semble avoir été entaché de graves irrégularités, alors que cet État (et ses 25 grands électeurs) a été attribué au candidat républicain avec seulement 567 voix d'avance selon le chiffre officiel ; enfin, c'est avec une voix de majorité (5 contre 4) que la victoire a été accordée à George W. Bush par les cinq juges conservateurs de la Cour suprême qui – dans la décision *Bush v. Gore* du 12 décembre 2000 – ont estimé que le temps manquait pour procéder au recomptage manuel des quelque 45 000 bulletins litigieux en Floride.

À l'avenir, il conviendrait d'élire le président des États-Unis au suffrage universel direct, d'autant plus que le système des grands électeurs, qui date de la fin du dix-huitième siècle, repose sur une conception élitiste du pouvoir. Toutefois, il est probable que les États les moins peuplés, favorisés par le système électoral actuel, empêcheraient une telle « révision » de la Constitution en refusant de la ratifier (cf. *supra*, p. 45).

Liste des présidents démocrates (D) et républicains (R) depuis la Première Guerre mondiale

- Wilson (D, 1913-1921)
- Harding (R, 1921-1923)
- Coolidge (R, 1923-1929)
- Hoover (R, 1929-1933)
- F. D. Roosevelt (D, 1933-1945)
- Truman (D, 1945-1953)
- Eisenhower (R, 1953-1961)
- Kennedy (D, 1961-1963)
- L. B. Johnson (D, 1963-1969)
- Nixon (R, 1969-1974)
- Ford (R, 1974-1977)
- Carter (D, 1977-1981)
- Reagan (R, 1981-1989)
- G. Bush (R, 1989-1993)
- Clinton (D, 1993-2001)
- George W. Bush (R, 2001-...).

2) La durée des fonctions

Depuis 1951 (22e amendement), il est désormais interdit au président de briguer plus de deux mandats. Le vice-président remplace automatiquement le président en cas de décès (8 fois depuis 1787, dont F. D. Roosevelt en 1945 et J. F. Kennedy en 1963), de démission (1 fois, R. Nixon en 1974), de destitution ou d'empêchement définitif. En cas de vacance de la vice-présidence, le Congrès doit confirmer la nomination du nouveau vice-président choisi par la Maison-Blanche (Gerald Ford désigné par Richard Nixon en 1973 après la démission de Spiro Agnew, Nelson Rockefeller en 1974 choisi par G. Ford qui était devenu président après la démission de R. Nixon).

b) Un président doté de « pouvoirs » constitutionnels « extraordinaires qu'il exerce dans des limites extraordinaires » (J. F. Kennedy)

L'exécutif est moniste, les secrétaires (généralement de 13 à 16) ne constituent pas un organe collégial et solidaire. Le président dispose seul du pouvoir de déterminer et conduire la politique de la nation. En outre, des compétences précises, importantes et en grand nombre, lui sont accordées par la Constitution. Le président est soutenu par une infrastructure complexe : le vice-président, les secrétaires, les conseillers, les agences administratives.

1) Le pouvoir normatif du président

Le président veille à l'exécution des lois ; mais ce pouvoir réglementaire va au-delà de la simple exécution des lois pour déboucher, par le biais de coutumes constitutionnelles, sur un véritable pouvoir normatif ; en effet, le président crée des normes générales et impersonnelles au moyen d'*executive orders* (décrets présidentiels) et de *rules of regulations* (réglementations ou proclamations). Et même, dès 1932, mais surtout à partir des années 1970, le Congrès avait pris l'habitude d'autoriser le président à édicter les règlements d'application d'une loi (« délégation législative » non prévue par la Constitution) tout en se réservant la faculté, le moment venu, de les annuler à la majorité simple : cette pratique de la législation déléguée a été implicitement prohibée par la Cour suprême (arrêt *Immigration and Naturalization Service v. Chadha,* 23 juin 1983), les neuf juges ayant interdit ce procédé du veto législatif (distinct du veto présidentiel) qui permettait aux assemblées (ou à l'une d'elles [donc au mépris de l'exigence bicamérale posée par les Pères fondateurs en 1787]) d'évoquer et éventuellement de suspendre les mesures prises par le président, et qui seraient tenues pour contraires à la loi d'habilitation ; cependant, bien qu'elles soient frappées de précarité, des lois prévoyant expressément un veto législatif continuent d'être adoptées et appliquées par le Congrès !

2) Le président, chef de l'Administration fédérale

Le président nomme et révoque les fonctionnaires. Pour les nominations aux postes les plus importants (environ 60 000 emplois fédéraux), l'avis conforme du Sénat est requis. Autrefois, à la suite de chaque changement de majorité présidentielle, la plupart des fonctionnaires étaient licenciés par le nouveau président qui nommait des amis politiques : désormais, cette pratique du *spoils system* ne concerne plus que la nomination de 5 200 hauts fonctionnaires (à savoir les emplois supérieurs de l'État), et le *merit system* (recrutement par concours) s'est imposé dès 1883 avant d'être renforcé et actualisé par une loi de 1978 (*Senior Executive Service*).

3) Le président, responsable de la politique étrangère

Le président nomme les ambassadeurs, négocie et signe les traités, et conduit la politique extérieure de son pays. Ce pouvoir est considérable, au regard du rôle joué par les États-Unis sur la scène internationale. Le président est notamment assisté du *National Security Council* (créé en 1947), qui est même devenu une sorte de « gouvernement de guerre » depuis les attentats terroristes du 11 septembre 2001.

4) Les pouvoirs de guerre du président

En qualité de commandant en chef des forces armées, le président a l'initiative et la conduite des opérations militaires. Le chef de l'exécutif a souvent pris unilatéralement des décisions d'une grande importance, alors que le Congrès est habilité à déclarer la guerre : envoi d'un corps expéditionnaire en Corée (Truman, 1950), intervention militaire au Vietnam (Johnson, 1965), au Cambodge (Nixon, 1969), envoi de troupes en Bosnie-Herzégovine (Clinton, 1995), etc. Le « syndrome indochinois » a incité le Congrès à limiter l'initiative du président en la matière : la loi du 7 novembre 1973 (*War Powers Act*) interdit au président d'engager au-delà de 60 jours (plus 30 jours supplémentaires si le président le juge nécessaire) des troupes américaines sur un théâtre d'opérations étranger sans avoir obtenu au préalable l'accord des assemblées. Les pouvoirs de guerre du président sont donc soumis au contrôle du Congrès, comme l'ont confirmé notamment la guerre du Golfe (1990-1991) et la guerre faite en Irak (mars-avril 2003 ; recours à la force contre l'Irak autorisé par un vote des chambres le 2 octobre 2002).

5) La nomination des membres de la Cour suprême

Le président nomme à vie, après confirmation du Sénat, les membres de la Cour suprême ; la chambre haute donne presque toujours son accord (un refus sur dix en moyenne). La Maison-Blanche procède à la désignation des juges de la Cour suprême en tenant compte de critères de représentativité d'ordre géographique, religieux et ethnique. Bien que nommés à vie, les neuf juges savent cependant prendre leur retraite (à 70 ans en moyenne).

6) Le président, détenteur du droit de grâce

Le président dispose du droit de grâce au plan fédéral.

7) L'intervention du président en matière législative et budgétaire

(cf. *infra*, pp. 111-112).

8) Le droit de veto présidentiel à l'égard des lois votées par le Congrès

(cf. *infra*, pp. 110-111).

■ *Le Congrès, Parlement le plus puissant dans les démocraties occidentales*

a) Une organisation et un fonctionnement efficaces

Les membres de la Chambre des Représentants (435 députés) et du Sénat (100 sénateurs) sont élus au suffrage universel direct, au scrutin uninominal majoritaire à un tour, pour un mandat de 2 ans (représentants) et de 6 ans (sénateurs, et renouvellement du Sénat par tiers tous les 2 ans). Le nombre de députés (« représentants » de la population) élus dans chaque État est proportionnel au nombre d'habitants ; en revanche, chaque État est représenté par deux sénateurs (fédéralisme) quelle que soit sa population, la Californie (34 millions d'habitants) comme le Wyoming (460 000 habitants). Le mode de scrutin aux législatives et aux sénatoriales favorise le bipartisme (même si ce dernier reste artificiel). Les *congressmen*, grâce à leur élection au suffrage universel direct, jouissent d'une forte légitimité. La Chambre des Représentants est présidée par le speaker, le Sénat par le vice-président des États-Unis (ce dernier est souvent remplacé par un président *pro tempore* élu). L'existence d'une session annuelle (de janvier à décembre, avec un ajournement en été) permet d'améliorer le travail législatif et de renforcer le contrôle de l'exécutif. De plus, les commissions parlementaires sont très spécialisées (26 à la Chambre des Représentants, 20 au Sénat) et jouent un rôle essentiel dans l'élaboration de la loi. En outre, depuis la démission de R. Nixon en 1974, les deux chambres ont considérablement renforcé leur personnel ; enfin, dès 1975, elles se sont dotées d'un outil informatique très sophistiqué : le Congrès possède ainsi ses propres moyens d'information, ce qui favorise son indépendance et la qualité du travail législatif.

b) La diversité des attributions du Congrès

1) Le pouvoir législatif

Les deux chambres sont dans une position égalitaire, s'agissant de l'initiative et du vote des lois. Les textes doivent être votés en termes identiques par les deux assemblées ; en cas de désaccord entre elles, la navette n'existe pas, mais il est possible de créer une commission de conciliation (*Conference Committee*) composée de membres des deux chambres ; si un accord survient au sein de cette commission, le texte sera ensuite entériné par chacune des deux assemblées ; sinon, le projet (ou plutôt la proposition de loi) est abandonné. En outre, le Congrès peut créer des commissions conjointes (*Joint committees*) sur des questions communes, essentiellement en matière budgétaire. Peu de temps après leur promulgation, les lois importantes font parfois l'objet d'un procès largement fictif devant la Cour suprême, et dans certains cas avec la complicité de l'Administration, et bien évidemment par la voie de l'exception d'inconstitutionnalité. Le recours à cette pratique – surtout quand une présomption d'inconstitutionnalité pèse sur la loi – permet de connaître rapidement la position de la Cour suprême : ceci évite le risque et l'inconvénient de voir une loi écartée beaucoup plus tard par les neuf juges, à l'occasion d'un procès qui, de toute manière, a l'assurance de survenir à plus au moins longue échéance.

2) Le pouvoir budgétaire

Le Congrès vote le budget. Sur le terrain fiscal et financier, la Chambre des Représentants est avantagée : elle seule dispose du droit d'initiative en matière d'impôts, et aucun texte ne peut être discuté au Sénat avant d'avoir été d'abord soumis à la chambre basse.

3) La participation au pouvoir constituant

(cf. *supra*, p. 43). La Constitution du 17 septembre 1787, Constitution écrite la plus ancienne encore en vigueur, a été amendée 27 fois, ce qui est relativement peu pour une Constitution plus que bicentenaire.

4) Le pouvoir de contrôle

Le contrôle de l'exécutif est assuré par des commissions parlementaires : technique des auditions devant les commissions permanentes, et spéciales, du Sénat et de la Chambre des Représentants. En revanche, la procédure des questions à l'exécutif n'existe pas. Les chambres peuvent créer des commissions d'enquête pour recueillir des éléments d'information, soit sur des faits déterminés, soit sur la gestion des services publics (environ 1 100 ont été créées depuis 1792, commissions créées pour enquêter sur l'activité de certains syndicats, sur la Mafia, sur le Ku Klux Klan, sur le Watergate, sur l'Irangate, etc.).

5) Le pouvoir électoral subsidiaire (élection présidentielle)

(cf. *supra*, p. 104).

6) Le pouvoir judiciaire du Congrès

(cf. *infra*, p. 113).

7) La déclaration de guerre

(cf. *supra*, p. 107).

8) Les attributions spécifiques au Sénat

La prépondérance de la chambre basse en matière budgétaire et fiscale est largement contrebalancée par le grand prestige dont jouit le Sénat qui, au surplus, dispose d'attributions importantes qu'il exerce seul.

- Le Sénat autorise la ratification des traités à la majorité des deux tiers (des membres présents), mais – en ayant recours aux « *executive agreements* » – le président contourne une éventuelle opposition des sénateurs au traité (cf. *infra*, p. 116). Cette pratique des « *executive agreements* » s'est développée à la suite du refus du Sénat en 1920 de ratifier le Traité de Versailles de 1919.
- Lorsque la Chambre des Représentants vote un « *impeachment* » (« mise en accusation »), le Sénat juge le président, ses secrétaires, ou les fonctionnaires atteints par cet *impeachment*, en se prononçant sur la culpabilité à la majorité des deux tiers de ses membres.
- Le président doit obtenir l'accord du Sénat pour la nomination des secrétaires, des membres de la Cour suprême et des hauts fonctionnaires.

■ *Les limites de la séparation des pouvoirs*

En théorie, la séparation des pouvoirs semble absolue : l'exécutif est moniste, le président – chef de l'exécutif – est politiquement irresponsable devant le Congrès, il ne peut pas dissoudre les chambres, il ne possède pas l'initiative des lois, et les secrétaires ne peuvent pas être membres du Congrès. En pratique, le président possède des moyens d'action sur le Congrès, et le Congrès des moyens d'action sur le président.

a) Les moyens d'action du président sur le Congrès

1) Le droit de veto à l'égard des lois votées par le Congrès

Le président signe les textes (*bills*) adoptés par le Congrès, leur donnant ainsi force exécutoire (*acts*). Cette signature doit être donnée dans les 10 jours de la transmission du texte à la Maison-Blanche ; mais le président peut opposer son veto, sous la forme d'un veto exprès ou d'un veto de poche.

• LE VETO CONSTITUTIONNEL OU VETO EXPRÈS (« REGULAR VETO »)

Le président renvoie le texte au Congrès sans le signer et expose, dans un message, les raisons pour lesquelles il refuse sa signature. Le veto exprès ne peut être surmonté que par un vote de chacune des deux chambres à la majorité des deux tiers (des membres présents). Le veto ne peut porter que sur l'intégralité du texte. La loi du 9 avril 1996 a pourtant autorisé (du 1er janvier 1997 au 1er janvier 2005) le « veto sélectif » ou « veto partiel » *(line item veto)* pour les articles budgétaires créant des dépenses nouvelles mais, dans une décision *Clinton v. City of New York* du 25 juin 1998, la Cour suprême a jugé l'*item veto* inconstitutionnel, cette procédure n'étant pas prévue par le texte fondateur de 1787. Pourtant, le veto partiel serait très utile au président, notamment pour contester les « *riders* » ou « cavaliers législatifs », c'est-à-dire les dispositions dépourvues de tout lien avec le texte.

Certains présidents, tels John Adams (1797-1801) ou Thomas Jefferson (1801-1809) n'ont jamais utilisé leur droit de veto, d'autres très rarement comme George Washington (2 fois de 1789 à 1797) ; à cette époque, le recours au veto ne semblait pouvoir être motivé que par l'inconstitutionnalité de la loi ; plus tard, des motifs d'opportunité se sont développés, et certains présidents ont fait un usage très important de leur droit de veto, notamment Franklin D. Roosevelt (371 fois de 1933 à 1945) et Stephen Grover Cleveland (304 fois, de 1885 à 1889, et de 1893 à 1897). À ce jour, G. W. Bush n'a utilisé son droit de veto qu'une seule fois, le 23 juillet 2006.

- LE VETO DE POCHE (« POCKET VETO »)

Le président dispose d'un délai de 10 jours pour sanctionner la loi ou la refuser, et encore faut-il que le Congrès soit en session afin de pouvoir surmonter le veto. Par conséquent, les textes (transmis à la Maison-Blanche) que le président ne signe pas pendant les 10 jours précédant l'ajournement du Congrès (clôture de la session parlementaire) tombent d'eux-mêmes. Or, de nombreux textes sont adoptés en fin de session et permettent au président de conserver le texte et de « le mettre dans sa poche » (*pocket veto*). Le président ne sera pas tenu de faire connaître ses motifs ; mais, depuis 1963, presque tous les « vetos de poche » ont été accompagnés de messages. Le « veto de poche » est définitif : le Congrès peut seulement reprendre l'ensemble de la procédure législative lors de la session suivante. Surtout utilisé par F. D. Roosevelt (260 fois de 1933 à 1945) et par S. G. Cleveland (110 fois, de 1885 à 1889, et de 1893 à 1897), le veto de poche est très efficace et évite la possibilité d'un veto exprès surmonté *(overridden)*.

- L'EFFICACITÉ DU VETO PRÉSIDENTIEL

Le veto est très difficile à surmonter ; ainsi, sur 631 vetos opposés par F.D. Roosevelt (371 exprès + 260 de poche), seuls 9 ont été brisés. Les successeurs de Roosevelt ont également utilisé avec efficacité le droit de veto, notamment Truman (238 dont 12 surmontés), Eisenhower (181 dont 3 renversés), L. B. Johnson (30 et aucune défaite), Reagan (78 dont 9 échecs), G. Bush (27 dont 1 surmonté), B. Clinton (25). Depuis la présidence de G. Washington (1789-1797), les vetos exprès ont concerné 6 % des lois : sur près de 2 700 vetos exprès, seulement 4 % ont été brisés par le Congrès.

2) La participation à l'initiative des lois

- ***L'intervention indirecte :*** le président demande à un *congressman* ami de déposer une proposition de loi rédigée par les Services de la Maison-Blanche.
- ***L'intervention directe :*** le président a accès au Congrès pour y lire ses messages ; trois doivent d'ailleurs être prononcés par le chef de l'exécutif : le message sur l'état de l'Union, celui par lequel le président présente son projet de budget (depuis 1921), enfin celui par lequel il

fait un rapport sur la situation économique des États-Unis (depuis 1946) ; souvent, de véritables projets de loi sont annexés à ces messages. Le président ne les impose pas au Congrès mais il lui suggère de les mettre en œuvre en les transformant en propositions de loi parlementaires.

3) La préparation du budget fédéral

Depuis 1921, en vertu du *Budget and Accounting Act*, la préparation du budget n'incombe plus au Congrès mais au président, assisté du puissant « *Office of Management and Budget* » créé en 1939.

4) Le parlementarisme de couloirs

– L'intervention indirecte en matière législative.

– Depuis 1936 (Roosevelt), le président convie régulièrement à la Maison-Blanche les présidents des chambres, et les leaders de la majorité et de l'opposition.

– Le président reçoit à la Maison-Blanche les *congressmen* influents ; il tente ainsi de rameuter les parlementaires de son propre parti, et de profiter de l'indiscipline des élus de l'autre formation politique (bipartisme) ; cette indiscipline, qui concerne d'ailleurs aussi bien le parti majoritaire que le parti d'oppostion, résulte de plusieurs facteurs : le rôle secondaire joué par les partis dans l'investiture des candidats au Congrès, la forte probabilité de réélection pour les *congressmen* sortants, l'absence de droit de dissolution (et donc l'absence de menace de dissolution), l'indépendance d'esprit des *congressmen*, et surtout le localisme (et donc l'hétérogénéité) du parti démocrate et du parti républicain (juxtaposition de 50 partis démocrates et de 50 partis républicains, partis presque indépendants les uns par rapport aux autres).

– Le président, lors d'allocutions télévisées, s'adresse directement au peuple pour faire pression sur le Congrès (exemple de Ronald Reagan, « le grand communicateur »).

b) Les moyens d'action du Congrès sur le président

Le Capitole dispose de plusieurs moyens d'action sur la Maison-Blanche : l'autorisation du Congrès à propos de l'engagement de troupes à l'étranger, l'approbation des traités par le Sénat, les prérogatives judiciaires et parajudiciaires des commissions (législatives ou d'enquête) du Congrès, mais surtout le pouvoir législatif et financier, ainsi que le pouvoir de destituer le président.

1) Le pouvoir législatif et financier

– ***Dans le domaine législatif,*** les interventions de la Maison-Blanche sont fréquentes, mais il serait abusif de qualifier le président de *Chief Legislator* ; en effet, les demandes du président se heurtent souvent à la force d'inertie du Congrès, surtout lorsque le parti du président est minoritaire dans chacune des deux chambres (R. Reagan à partir de 1986, puis G. Bush [1989-1993] devront « cohabiter » avec deux assemblées démocrates, B. Clinton avec deux chambres républicaines de 1994 à 2001, et G. W. Bush avec deux assemblées démocrates depuis novembre 2006). Malgré tout, les trois quarts (en moyenne) des demandes et projets du président aboutissent grâce à la pratique du « compromis » qui est l'une des caractéristiques du système américain, et qui concerne aussi bien l'exécutif que le législatif ; ainsi, le président acceptera des modifications à son projet (déposé par un parlementaire sous forme de proposition de loi) en échange du vote du texte par les députés et sénateurs : en la circonstance, le président devra donc composer non seulement avec les parlementaires du parti qui lui est opposé, mais aussi avec ceux de son propre parti, la Maison-Blanche n'ayant pas la certitude d'obtenir du Capitole les textes qu'il demande même si son parti est majoritaire dans les deux chambres.

- ***Dans le domaine financier,*** le refus d'accorder les crédits sollicités a parfois de lourdes conséquences sur la mise en œuvre de la politique du président : ainsi, en 1993, les Démocrates, pourtant majoritaires dans les deux chambres, ont puissamment contribué à enterrer l'ambitieuse réforme du système de santé projetée par B. Clinton.

2) Le pouvoir de destituer le président

• LA PROCÉDURE D'IMPEACHMENT

L'*impeachment* ou « mise en accusation » est la procédure qui permet au Congrès de mettre en cause la responsabilité pénale du président en vue de le destituer quand, dans l'exercice de ses fonctions, il est reconnu coupable de « trahison, concussion, ou autres crimes ou délits graves ».

La Chambre des Représentants, sur recommandation de sa commission judiciaire, « accuse » le chef de l'exécutif à la majorité des suffrages exprimés.

Le Sénat, si l'*impeachment* est voté, « juge » le président, en se prononçant sur sa culpabilité à la majorité des deux tiers de ses membres.

• LA MISE EN APPLICATION DE LA PROCÉDURE D'IMPEACHMENT

- ***En 1867,*** la Chambre des Représentants retient 11 chefs d'accusation contre le président Andrew Johnson. En 1868, le Sénat repousse la destitution à une voix près ; la destitution du président aurait sans doute provoqué une évolution du régime vers le parlementarisme ; en effet, la procédure d'*impeachment* avait été mise en œuvre pour des motifs politiques, le président se voyant reprocher d'avoir révoqué son secrétaire à la Guerre sans avoir obtenu l'accord du Sénat.

- ***En juillet 1974,*** la commission judiciaire de la Chambre des Représentants vote – à une forte majorité – trois chefs d'accusation contre le président Richard Nixon, à propos de l'affaire du Watergate (cambriolage par les célèbres « plombiers » de la Maison-Blanche du quartier général du parti démocrate dans l'immeuble du Watergate à Washington). Considérant la gravité des faits, l'impopularité de R. Nixon, et la composition politique des assemblées, il semble certain que la Chambre des Représentants adoptera l'*impeachment*, puis que le Sénat votera la destitution du président (80 sénateurs – seuls 67 suffiraient – se préparent à reconnaître la culpabilité de R. Nixon) ; afin d'éviter une telle déchéance, R. Nixon démissionne le 9 août.
- ***En décembre 1998,*** à propos de la fameuse affaire Monica Lewinsky, concernant « une relation qui n'était pas convenable » (Bill Clinton) entre le président et une jeune stagiaire de la Maison-Blanche, la Chambre des Représentants vote deux chefs d'accusation (parjure et obstruction à la justice). Malgré l'acharnement des Républicains dans le procès en destitution qui lui était intenté, le président a été finalement acquitté par le Sénat le 12 février 1999 (l'accusation de parjure a été rejetée par 55 sénateurs [dont 10 républicains], celle d'obstruction à la justice par 50 sénateurs, la majorité à atteindre pour la destitution étant de 67 voix). Bill Clinton (soutenu par ses concitoyens) sortira presque renforcé de cette épreuve qui témoigne d'une dangereuse banalisation de l'*impeachment* : comparable à un coup d'État légal du législatif contre l'exécutif, cette dérive institutionnelle risque de conduire à une véritable responsabilité politique du chef de l'exécutif devant le Congrès, ce qui mettrait un terme à la nature présidentielle du régime.

■ *La remise en cause de l'équilibre des pouvoirs*

Les *checks and balances* ont pour but de maintenir un strict équilibre entre les pouvoirs. Depuis 1981, sous les présidences Reagan (1981-1989), Bush (1989-1993) et Clinton (1993-2001), l'équilibre a été globalement réalisé.

Cependant, avec l'élection du 43e président des États-Unis, cet équilibre risquait d'être rompu au profit du Congrès ; certes, au début de son mandat, G. W. Bush disposait de la majorité à la Chambre des Représentants (221 républicains contre 211 démocrates), et au Sénat (50 républicains contre 50 démocrates) où le vice-président des États-Unis, Richard Cheney, *ex officio* président du Sénat, apportait la voix qui départageait les deux camps : cependant, en mai 2001, la défection du sénateur républicain du Vermont, Jim Jeffords, a fait basculer le Sénat dans le camp démocrate. La fonction présidentielle paraissait affaiblie par le déficit de légitimité de G. W. Bush (en raison des circonstances de son élection), par son absence de charisme, voire – selon certains – par son manque de rayonnement intellectuel. En revanche, Dick Cheney semblait posséder la haute main sur la gestion au quotidien, sur la coordination du Cabinet, et sur les relations avec le

Congrès : aucun vice-président n'avait exercé une telle influence sur la détermination de la politique américaine, d'autant plus que Dick Cheney avait un pied à la Maison-Blanche, et l'autre au Sénat. Le président paraissait jouer le rôle de P-DG de l'Amérique, et le vice-président celui de directeur général, situation inédite dans l'histoire des États-Unis.

Cet équilibre des pouvoirs a été rétabli à partir de septembre 2001. En effet, à la suite de la tragédie du 11 septembre 2001 (Pearl Harbor terroriste contre les tours jumelles du World Trade Center à New York et contre l'immeuble du Pentagone à Washington), le président George W. Bush a nettement renforcé son autorité en menant une intense activité diplomatique et militaire ; ainsi, dès septembre 2001, G. W. Bush a décidé de renverser le régime taliban en intervenant militairement en Afghanistan ; mais surtout, le sursaut patriotique consécutif aux attentats du 11 septembre a donné au président l'occasion de déclencher sans mandat de l'ONU une guerre préventive (et finalement d'agression) contre l'Irak (mars-avril 2003), la Maison-Blanche défiant en la circonstance la communauté internationale ; le président élu par une décision de la Cour suprême bénéficie alors d'une forte légitimité et d'une grande popularité, et il exerce pleinement sa fonction de chef de l'exécutif ; d'ailleurs, dès le 5 novembre 2002, les élections parlementaires de mi-mandat (*Midterm elections* ordinairement défavorables au parti du président) ont permis au chef de l'État de renforcer sa majorité à la Chambre des Représentants (gain de 7 sièges) et surtout, enjeu majeur, de conquérir le Sénat où il était minoritaire avec un gain de 2 sièges (51 Républicains, 48 Démocrates + 1 indépendant).

Ce rétablissement de l'équilibre des pouvoirs entre le président et le Congrès a été confirmé en 2004 par la réélection – claire et sans contestation – de G.W. Bush, d'autant plus que la majorité républicaine au Capitole est sortie renforcée des élections législatives et sénatoriales de novembre 2004. Cet équilibre des pouvoirs entre l'exécutif et le législatif n'est pas remis en cause par la chute de la cote de popularité de G.W. Bush, surtout liée à l'enlisement de l'armée américaine dans le bourbier irakien, et à la mauvaise gestion de la crise provoquée en Louisiane par le passage du cyclone « Katrina » en août 2005.

Le mécontentement populaire s'est cependant exprimé avec éclat en novembre 2006 lors des élections parlementaires de mi-mandat : les Républicains ont en effet perdu la majorité parlementaire à la Chambre des Représentants comme au Sénat, et le président Bush doit désormais cohabiter avec un Congrès démocrate ; c'est donc la fin du « gouvernement unifié », un seul parti contrôlant à la fois l'exécutif et le législatif de novembre 2004 à novembre 2006 : en fin de second mandat, le président Bush est ainsi condamné à passer des compromis avec le Congrès, le système des « *checks and balances* » se manifestant pleinement aujourd'hui.

Dans le passé, le strict équilibre des pouvoirs a été rarement atteint et, le plus souvent, le balancier a oscillé : en faveur du Congrès, du président, ou parfois même de la Cour suprême !

a) Le « gouvernement congressionnel »

Inventée en 1884 par Woodrow Wilson, professeur de droit qui sera élu à la présidence en 1912, l'expression « gouvernement congressionnel » illustre la prédominance du Congrès sur l'exécutif. Ainsi, au XIXe siècle, sauf sous les présidences d'Andrew Jackson (1829-1837) et d'Abraham Lincoln (1861-1865), la réalité du pouvoir était confisquée par les présidents des commissions parlementaires, alors que le président apparaissait comme une personnalité de second plan. De plus, la procédure d'*impeachment* déclenchée contre Andrew Johnson contribua à affaiblir l'exécutif. En revanche, au XXe siècle, la prépondérance du Congrès n'a été évidente que sous les présidences Gerald Ford (1974-1977) et Jimmy Carter (1977-1981), l'exécutif étant affaibli par l'affaire du Watergate et par le manque de charisme de G. Ford et J. Carter.

b) Le « gouvernement présidentiel »

Plusieurs raisons expliquent la prééminence présidentielle au XXe siècle : la dimension nationale du président (presque élu directement par l'ensemble de la nation), la personnalisation du pouvoir favorisée par les médias, le développement de l'État-providence, le rôle joué par les États-Unis, superpuissance, sur la scène internationale. De 1933 (entrée en fonction de F. D. Roosevelt) à 1974 (démission de R. Nixon), le gouvernement présidentiel a même évolué vers la présidence impériale, qui s'affirme sous J. F. Kennedy et L. B. Johnson, puis culmine avec R. Nixon.

La prédominance de la Maison-Blanche présente plusieurs manifestations. Ainsi, en matière de politique étrangère, le président a souvent recours aux *executive agreements* : à la différence des traités, ces accords en forme simplifiée (signés par le président ou ses représentants) ne sont pas soumis à ratification, alors que – justement – l'approbation sénatoriale est difficile à obtenir ; la Cour suprême a admis la constitutionnalité de cette pratique dans les arrêts *United States v. Belmont* du 3 mai 1937 et *United States v. Pink* du 2 février 1942 ; le *Case-Zablocki Act* de 1972 impose toutefois au président de faire connaître au Congrès l'existence (mais pas nécessairement le contenu de l'accord s'il doit demeurer secret) de tous les *executive agreements* conclus, et le Congrès peut les refuser dans les 60 jours en adoptant une résolution spéciale. De même, l'usage que fait le président de ses pouvoirs de guerre témoigne de la prééminence de la Maison-Blanche sur le Capitole. En matière de politique intérieure, la prépondérance du président se manifeste dans l'efficacité du veto présidentiel, dans la participation *de facto* à l'initiative des lois, et dans la préparation du budget.

c) Le « gouvernement des juges »

De 1865 à 1937, la Cour suprême a exercé un véritable « gouvernement des juges », en substituant ses propres conceptions morales, philosophiques et politiques à celles du législateur. Ainsi, dans les années 1880, elle s'érige même en supérieur du pouvoir constituant : elle affirme l'existence de principes supérieurs qui relèvent du droit naturel, principes auxquels la Constitution elle-même doit se soumettre (théorie de la supraconstitutionnalité, cf. *supra*, p. 50). De même, pendant l'Entre-deux-guerres, la Cour suprême s'oppose aux réformes économiques et sociales, surtout pendant le premier mandat de F. D. Roosevelt ; profitant de sa brillante réélection en 1936, Roosevelt contraint à la démission les deux juges les plus irréductibles (un troisième décède), et parvient à modifier (dans le sens du libéralisme) la composition de la Cour suprême.

Enfin, pour s'opposer au « gouvernement des juges » (ou prétendu tel...), le constituant dérivé garde la possibilité d'amender le texte fondateur pour contrer une interprétation constitutionnelle de la Cour suprême, comme ce fut le cas en 1793, 1857, 1913 et 1970 : le recours à un tel procédé est toutefois exceptionnel, notamment parce que la révision de la Constitution est particulièrement difficile aux États-Unis (cf. *supra*, p. 45).

Le régime parlementaire

CHAPITRE 6

Le régime parlementaire occupe une place centrale dans l'étude de la classification des régimes. Ce régime de collaboration entre les pouvoirs est en effet mis en œuvre dans toutes les démocraties occidentales et dans tous les pays économiquement surdéveloppés (à l'exception des États-Unis). Depuis 1814, sauf pendant de courtes périodes, le régime parlementaire a toujours été pratiqué par la France, bien que la Ve République ait connu de 1981 à 2002 une alternance régulière entre le régime présidentialiste et le régime parlementaire (en période de cohabitation). Le régime parlementaire présente des formes diverses : parlementarisme moniste et dualiste, parlementarisme majoritaire et non majoritaire, parlementarisme inorganisé et rationalisé.

INTRODUCTION

1. L'invention du régime parlementaire en Angleterre

L'Angleterre a créé le parlementarisme au XVIIIe siècle, avec l'apparition d'un gouvernement solidaire situé entre le roi et les chambres, et politiquement responsable devant la Chambre des Communes, alors que cette dernière était susceptible d'être dissoute par le roi à la demande du Premier ministre.

- À partir de la Révolution de 1688 qui donne au Parlement des pouvoirs importants, le roi prend l'habitude de choisir ses ministres au sein de la majorité parlementaire, évitant ainsi d'entrer en conflit avec la Chambre des Communes.
- 1714 : George Ier, prince allemand, monte sur le trône, mais se désintéresse des affaires du royaume, et son fils George II agira de même. Les ministres prirent l'habitude de se réunir sans le monarque. Cette pratique est à l'origine de la notion moderne de « cabinet » et de « gouvernement ».
- 1721-1742 : Gouvernement Walpole, et apparition de la fonction de Premier ministre.
- 1742 : Démission de Walpole pour des raisons purement politiques. À partir de ce précédent, la responsabilité « pénale » des ministres se transforme en responsabilité « politique », individuelle et non pas solidaire.

– 1782 : Démission du Cabinet de Lord North (1770-1782), apparition de la notion de solidarité gouvernementale et de son corollaire, « la responsabilité collective » du gouvernement devant la chambre basse.

– 1784 : Après la chute du gouvernement de Lord North (mars 1782) et après trois gouvernements éphémères (mars 1782 – décembre 1783), William Pitt le Jeune devient Premier ministre en décembre 1783 malgré l'opposition des Communes ; devant l'hostilité des députés, il demande au roi de dissoudre la chambre basse en 1784 ; le pays tranche le conflit en élisant une nouvelle chambre à la dévotion du Premier ministre, et William Pitt *the Younger* restera au pouvoir jusqu'en 1801, puis sera de nouveau Premier ministre de 1804 à 1806 !

2. La diffusion du régime parlementaire

Le régime parlementaire se développe en France à partir de 1814, et sera constamment pratiqué sauf pendant de courtes périodes : 1848-1852 (régime présidentiel), 1852-1870 (régime autoritaire), 1871-1875 (régime d'assemblée), 1940-1944 (régime autoritaire), 1945-1946 (régime d'assemblée), et sous la Ve République lorsque le président de la République dispose d'une majorité parlementaire qui lui est favorable (régime présidentialiste, 1959-1986, 1988-1993, 1995-1997, 2002…). Le régime parlementaire est le régime de toutes les démocraties occidentales, à l'exception des États-Unis (régime présidentiel) et de la Suisse (régime d'assemblée). Ainsi, les 27 pays de l'Union européenne (sauf la France en période de présidentialisme et Chypre [partie grecque de l'île], régime présidentiel) pratiquent le régime parlementaire, qui a été instauré – généralement avec une forte rationalisation – par les pays post-communistes de l'Europe centrale, orientale et balte. En revanche, parmi les 11 États de la CEI, seule la Moldavie a opté pour le parlementarisme. Mais surtout, hormis quelques pays comme l'Inde (la plus grande démocratie du monde), l'Éthiopie et Madagascar, les 145 États du Tiers-Monde ignorent le régime parlementaire.

1 Les caractéristiques du régime parlementaire

Les critères du régime parlementaire

a) Le dualisme de l'exécutif et la procédure du contreseing

Les organes exécutifs sont dissociés en régime parlementaire : ***un chef de l'État*** (monarque ou président) et ***un gouvernement*** avec à sa tête un Premier ministre (ou président du Conseil ou chancelier) qui est le chef de l'exécutif.

Le chef de l'État, qu'il soit monarque héréditaire ou président de la République, n'est jamais le chef de l'exécutif en régime parlementaire : « le roi règne mais ne gouverne pas » (Adolphe Thiers). Toutefois, à l'époque désormais révolue (sauf en Lituanie et dans le grand-duché de Luxembourg) du parlementarisme « dualiste », le souverain exerçait plus qu'une magistrature d'influence, et jouait même un rôle politique actif bien que le Premier ministre fût, évidemment, le chef de l'exécutif. Dorénavant, dans le cadre d'un parlementarisme « moniste », le chef de l'État exerce au minimum un rôle uniquement protocolaire, au maximum une fonction d'arbitre (cf. *infra*, p. 126).

En République, élu par le Parlement ou par un collège spécial un peu plus large que le Parlement (Allemagne, Italie...), le président ne bénéficie pas d'une investiture populaire, sauf dans les 17 pays européens où il est élu au suffrage universel direct : France, Finlande, Portugal, Autriche, Irlande, Islande, Pologne, Slovaquie, Roumanie, Bulgarie, Macédoine, Bosnie-Herzégovine (présidence collégiale de trois membres), Croatie, Slovénie, Serbie, Monténégro et Lituanie. Dans les États de l'Europe centrale, orientale et balte, l'élection du président au suffrage universel direct est la règle : en effet, seules la Hongrie, la République tchèque, l'Albanie, le Kosovo, la Lettonie, et l'Estonie continuent à pratiquer l'élection du président par le Parlement. Actuellement, au sein de ces 17 pays européens qui se sont dotés d'un régime parlementaire tout en prévoyant l'élection du chef de l'État au suffrage universel direct, seul le président français devient le chef de l'exécutif lorsqu'il dispose d'une majorité parlementaire qui lui est favorable (présidentialisme) : cette dérive institutionnelle est la conséquence du double héritage gaullien, à savoir la pratique présidentialiste du régime (dès janvier 1959) et l'élection du président de la République au suffrage universel direct (loi référendaire de valeur constitutionnelle du 6 novembre 1962).

Cependant, même en parlementarisme moniste, le chef de l'État possède une influence morale, et parfois politique sur la marche des affaires gouvernementales. Cette influence résulte de son autorité, mais surtout du contexte politique : ainsi, dans le cadre du multipartisme intégral, en sollicitant telle ou telle personnalité politique le chef de l'État joue un certain rôle lors du choix du Premier ministre dans la mesure où plusieurs majorités de coalition sont possibles (France, IIIe et IVe Républiques, Italie [avant 2001], Belgique, Pays-Bas, Israël...). Cette magistrature d'influence tend à disparaître dans certains pays (Royaume-Uni, Norvège, Suède), alors qu'elle se développe dans d'autres pays, comme en Italie où, du palais du Quirinal, le président Francesco Cossiga (1985-1992) « le grand perturbateur », puis Oscar Luigi Scalfaro (1992-1999), sont sortis de leur neutralité pour lancer des appels en faveur de la réforme institutionnelle ; en Allemagne, à partir de 1989, le *Bundespräsident* von Weizsäcker a œuvré en faveur de la réunification allemande (1990).

Le chef de l'État est politiquement irresponsable, puisqu'il ne gouverne pas. Par conséquent, il a la certitude de rester en fonction pendant la durée de son règne (souverain) ou de son mandat (président), sauf en cas de destitution provoquée par la mise en jeu de sa responsabilité pénale.

La responsabilité politique des actes du chef de l'État est endossée par le Premier ministre et le gouvernement, lesquels sont politiquement responsables devant le Parlement ; l'acte est signé par le chef de l'État, puis par le Premier ministre et les ministres concernés. À l'origine, le contreseing signifiait également « l'acceptation » par le gouvernement de la décision prise par le chef de l'État. Aujourd'hui, le contreseing est une « authentification » de la décision, le gouvernement vérifiant la décision du point de vue de sa légalité. Les actes du chef de l'État soumis au contreseing ministériel sont en pratique décidés par le gouvernement, sauf exception (exemple des mesures de grâce prises par le chef de l'État). Théoriquement, tous les actes du chef de l'État sont soumis au contreseing ministériel. Parfois, en France, en Allemagne, en Finlande (C, 1919 ; donc avant la nouvelle Constitution du 11 juin 1999), au Portugal et dans la plupart des pays post-communistes de l'Europe centrale et orientale, notamment, le président dispose de pouvoirs propres, c'est-à-dire de pouvoirs dont la mise en œuvre est dispensée du contreseing. Bien évidemment, l'exigence du contreseing constitue toujours le principe et la dispense du contreseing l'exception, et le nombre de pouvoirs propres est très limité : toutefois, le président de la République française possède 8 pouvoirs propres (de surcroît très importants), et son homologue polonais en détient même 30 (Pologne, art. 144 C, 1997) ! Ces pouvoirs propres sont par nature d'application discontinue et ne permettent donc pas au président de gouverner. Malgré l'existence de pouvoirs propres, le président (parlementarisme moniste) peut seulement (au maximum) exercer une fonction d'arbitre : consacré en France par l'article 5 C (1958), ce rôle d'arbitre n'est joué par l'Élysée qu'en période de cohabitation, le président devenant le chef de l'exécutif en période présidentialiste. Dans la plupart des pays post-communistes de l'Europe centrale, orientale et balte, le président exerce cette fonction d'arbitre : à ce titre, il est l'interprète privilégié de l'intérêt général et le gardien de la Constitution, il se situe au-dessus des partis politiques et possède des pouvoirs propres, mais, comme dans tout régime parlementaire, c'est le Premier ministre qui, à la tête du gouvernement, détermine et conduit la politique de la nation.

b) L'existence de moyens de pression réciproque

1) La responsabilité politique du gouvernement

La responsabilité politique du gouvernement permet d'apporter une solution aux conflits susceptibles de survenir entre le gouvernement et sa majorité parlementaire, dont il est pourtant issu. Cette crise sera résolue par la constitution d'un nouveau gouvernement qui aura la confiance de la majorité.

Exceptionnellement, la responsabilité politique du gouvernement peut être engagée non seulement devant la chambre basse, mais aussi devant la chambre haute (Italie, France sous la

IIIe République, bicaméralisme égalitaire) ; aux Pays-Bas également, la chambre haute a la faculté de renverser le gouvernement, mais cette possibilité semble purement théorique ; en Belgique, depuis l'entrée en vigueur de la Constitution du 17 février 1994, le Sénat a perdu le pouvoir de renverser le gouvernement. Bien évidemment, le régime parlementaire s'accommode aussi bien du monocaméralisme que du bicaméralisme.

Ordinairement, le gouvernement nouvellement formé devra se présenter devant la chambre basse, ou parfois devant les deux assemblées (Italie) pour solliciter un vote d'investiture. Exceptionnellement, le cabinet n'est pas obligé de solliciter un tel vote (Danemark), ce qui permet la formation de gouvernements minoritaires. En France, le vote de confiance demandé par le nouveau gouvernement (C, 1958, art. 49 al. 1er) n'est pas considéré comme un vote d'investiture, et plusieurs Premiers ministres n'ont pas respecté cette obligation (surtout de 1966 à 1973, et de 1988 à 1993).

La responsabilité politique du gouvernement donne naissance à une double procédure : la question de confiance, à l'initiative du gouvernement, et la motion de censure, à l'initiative du Parlement.

La question de confiance (posée sur une déclaration de politique générale, sur le programme, ou sur un texte) permet au gouvernement de vérifier s'il a toujours le soutien de sa majorité. D'une certaine manière, la question de confiance est un moyen de pression du gouvernement sur l'assemblée, bien que le gouvernement mette ici son existence en jeu. La question de confiance sera notamment posée lorsque l'assemblée refuse au Premier ministre les moyens juridiques et financiers qu'il estime nécessaires pour gouverner, ou lorsque la majorité multiplie les critiques contre le gouvernement. La question de confiance sera parfois utilisée par le Premier ministre pour ramener la discipline au sein de la majorité (exemple : France, Alain Juppé II, octobre 1996). Si la question de confiance n'est pas adoptée, le gouvernement est contraint de démissionner, ce qui ouvre une crise ministérielle. Il en va de même en cas d'adoption d'une motion de censure. La motion de censure est un texte déposé par des parlementaires, et qui vise à dénoncer la politique gouvernementale ; d'une certaine façon, le gouvernement est mis publiquement et politiquement en accusation.

De plus en plus souvent, le gouvernement démissionne en dehors du rejet de la question de confiance ou de l'adoption de la motion de censure. Il en est ainsi, par exemple, quand le gouvernement est mis en minorité sur un projet de loi qu'il juge essentiel pour réaliser sa politique ; pareillement, lorsque certains leaders de la majorité décident de retirer leur soutien au gouvernement ; fréquemment, en Italie, le président du Conseil démissionne quand des chefs de parti (ou même un seul) viennent au palais Chigi lui annoncer qu'ils cessent de le soutenir : cette crise « froide » survient en dehors de l'enceinte parlementaire.

2) Le droit de dissolution

L'exécutif dispose, en contrepartie, du droit de dissolution : lorsqu'elle est prononcée, la dissolution met un terme – de façon anticipée – à la législature et renvoie donc les députés devant les électeurs. Dans le cadre du bicaméralisme, ordinairement seule la chambre basse peut faire l'objet d'une dissolution ; exceptionnellement, les deux chambres peuvent être dissoutes, séparément ou simultanément (Italie, Pays-Bas, Espagne, principalement) ; en Belgique, la dissolution de la Chambre des Représentants entraîne celle du Sénat.

La dissolution permet, en faisant appel à l'arbitrage populaire, de résoudre le conflit opposant le gouvernement et le Parlement, notamment lorsque le gouvernement vient d'être renversé ; dans ce cas, la dissolution constitue une sanction, une mesure de rétorsion contre l'assemblée. Exceptionnellement, la Loi fondamentale prévoit la dissolution automatique quand les parlementaires rejettent une question de confiance ou adoptent une motion de censure.

La dissolution, ou plutôt la menace de la dissolution, joue un rôle préventif : de crainte de ne pas être réélus, les députés hésiteront à renverser le gouvernement, surtout pour des raisons futiles. En France, sous la IIIe République, la disparition de la menace de la dissolution (Constitution dite Grévy de 1879, cf. *infra*, p. 134) va contribuer à la forte instabilité gouvernementale. Le droit de dissolution est également tombé en désuétude en Suède, et a même été supprimé par le constituant de Nouvelle-Zélande qui n'a cependant pas remis en cause la nature parlementaire du régime (1950) ; de même, bien que dotée d'un régime parlementaire, la Norvège également ignore le droit de dissolution.

Dans le système bipartisan britannique, depuis 1945 la dissolution a toujours été décidée par le Premier ministre pour choisir la date des législatives à un moment qu'il juge favorable (sauf en 1979, après la chute du gouvernement Callaghan). En France, la dissolution stratégique, à l'anglaise, a été utilisée par J. Chirac le 21 avril 1997 : cette « dissolution-tactique » est contraire à l'esprit des institutions de la Ve République, que ce soit dans le contexte du présidentialisme ou de la cohabitation.

Enfin, la dissolution peut également être utilisée comme substitut au référendum (de Gaulle, le 30 mai 1968), ou pour permettre la mise en conformité de la majorité parlementaire avec la nouvelle majorité présidentielle (Mitterrand I le 22 mai 1981, et Mitterrand II le 14 mai 1988).

En droit, la dissolution est presque toujours prononcée par le chef de l'État. En réalité, la dissolution est décidée par le Premier ministre, qui demande au monarque ou au président de dissoudre l'assemblée, sauf dans quelques pays, comme la France et l'Allemagne principalement ; ainsi, la dissolution – pouvoir propre de surcroît, articles 12 et 19 C – est décidée discrétionnairement par le président français, cependant que le *Bundespräsident*, en l'absence de majorité parlementaire (majorité des membres), décide librement de dissoudre ou non le *Bundestag* (art. 63 LF), ou dispose d'une certaine marge de manœuvre (art. 68 LF) (cf. *infra*, p. 150).

c) La collaboration du gouvernement et du Parlement

La collaboration de l'exécutif et du législatif résulte de l'esprit même du régime parlementaire. Normalement, le Premier ministre et les ministres sont choisis parmi les parlementaires ; toutefois, en France principalement, la nomination de ministres techniciens a été fréquente sous la Ve République, au point que Georges Pompidou (14 avril 1962), Raymond Barre (25 août 1976) et Dominique de Villepin (31 mai 2005) ont été nommés Premier ministre alors qu'ils n'étaient pas parlementaires, et n'avaient même jamais affronté le suffrage universel !. Les membres du gouvernement ont accès aux chambres. Le gouvernement dispose du droit d'initiative en matière législative : en France, le Premier ministre dépose des « projets » de loi, et les parlementaires des « propositions » de loi. Le gouvernement participe activement à l'initiative des lois et même, en France, il dirige la procédure législative. Enfin, la procédure des « questions au gouvernement » illustre bien cette collaboration du Parlement et du gouvernement en régime parlementaire.

Les régimes parlementaires

a) Le parlementarisme dualiste et le parlementarisme moniste

1) Le parlementarisme dualiste

Initialement, le régime parlementaire a été pratiqué sous la forme dualiste, notamment en Angleterre (de 1782 [démission du Cabinet de Lord North] jusqu'en 1837 lors de l'avènement de la reine Victoria), en France (de 1814 à 1848, puis de 1875 à 1877, cf. *infra*, pp. 133-134), en Belgique, aux Pays-Bas, en Norvège, en Suède, en Roumanie,... Dans ces pays, le souverain – tout en étant sur la défensive – disposait encore d'une grande autorité : il jouait un rôle politique actif, bien que le Premier ministre fût le chef de l'exécutif. Le qualificatif « dualiste » s'explique surtout par la double responsabilité du gouvernement, à la fois devant le Parlement, mais aussi devant le chef de l'État qui, de surcroît, a la maîtrise du droit de dissolution. En France, ce système est aussi appelé parlementarisme orléaniste, car il s'est beaucoup développé de 1830 à 1848, alors que Louis-Philippe, de la famille d'Orléans, était roi des Français.

Le parlementarisme dualiste n'est plus qu'une curiosité historique (exemple du grand-duché de Luxembourg). Ce système a été « heureusement » abandonné, dans la mesure où il prive le régime parlementaire de ses avantages ; en effet, un tel système ne peut fonctionner correctement que si le chef de l'État et la majorité parlementaire appartiennent au même courant politique. Toutefois, alors que la plupart des États post-communistes de l'Europe centrale, orientale et balte ont instauré le parlementarisme moniste (avec un président-arbitre doté de pouvoirs importants, et parfois exercés sans contreseing ministériel), seules la Croatie (mais seulement de 1990 à 2000), la Roumanie (mais uniquement de 1991 à 2003), et la Lituanie ont opté pour le parlementarisme dualiste.

Enfin, la double responsabilité du gouvernement, à la fois devant le Parlement et le chef de l'État, subsiste dans certains pays qui pratiquent un régime mixte, de type présidentialiste (cf. *infra*, p. 164) : dans les 11 pays de la CEI (sauf la Moldavie), dans la quasi-totalité des pays de l'Afrique noire francophone, et en France (sauf en période de cohabitation).

2) Le parlementarisme moniste

Aujourd'hui, sauf en Lituanie et au Luxembourg, le parlementarisme est moniste dans tous les États qui ont opté pour le régime parlementaire : le chef de l'État n'exerce au minimum qu'un rôle protocolaire (Royaume-Uni) et au maximum qu'une fonction d'arbitre (France, art. 5 C [1958] appliqué seulement en période de cohabitation ; pays de l'Europe centrale, orientale et balte [sauf la Lituanie] ; cf. la notion d'arbitre, *supra*, p. 122). En outre, bien évidemment, en parlementarisme moniste le Premier ministre et le gouvernement ne sont politiquement responsables que devant le Parlement, le chef de l'État ne pouvant en aucun cas révoquer le Premier ministre.

Depuis quelques années, certains auteurs ont abandonné la qualification de « parlementarisme moniste » au profit de l'expression « régime primo-ministériel », afin de mettre en relief l'extrême personnalisation du pouvoir – dopée par les médias – dont jouit tout chef de gouvernement, désormais omnipotent (tout du moins en parlementarisme majoritaire).

b) Le parlementarisme majoritaire et le parlementarisme non majoritaire

1) Le parlementarisme majoritaire

Dans ce type de régime parlementaire, le gouvernement dispose au Parlement d'une majorité stable et cohérente, au point de rester au pouvoir pendant toute la législature, d'où l'expression « gouvernement de législature ». Le gouvernement ne risque pas d'être renversé. L'alternance est régulière mais le rythme du balancier est parfois très lent. Ainsi, au Royaume-Uni, les travaillistes ont reconquis le pouvoir après 18 ans de gouvernement conservateur (1979-1997) ; les socialistes allemands ont dû attendre 16 ans (Helmut Kohl, démocrate-chrétien, ayant été chancelier de 1982 à 1998) ; en Suède, où « l'Alliance » dirigée par les conservateurs modérés a mis fin au règne social-démocrate en septembre 2006, les sociaux-démocrates ont gouverné pendant 65 des 77 dernières années ; de même, au Japon, depuis 1955 le parti libéral-démocrate (le *Jiminto*, parti conservateur où coexistent cinq « factions » [*habatsu*]) a presque toujours exercé le pouvoir (sauf de 1993 à 1996). Enfin, le gouvernement dispose des moyens juridiques et financiers nécessaires pour mener à bien sa politique. Ce parlementarisme majoritaire s'exerce dans le cadre du bipartisme (cf. *supra*, p. 71) ou du multipartisme tempéré (cf. *supra*, p. 71).

Le parlementarisme majoritaire débouche sur un régime de concentration des pouvoirs au profit de la majorité : le gouvernement et l'assemblée ne sont plus des organes antagonistes, et la séparation des pouvoirs passe entre la « majorité » (gouvernement + parlementaires de la majorité formée d'un parti politique ou d'une coalition homogène de partis) qui gouverne en légiférant et en exécutant les lois, et « l'opposition » qui contrôle au moyen des questions écrites, des questions orales, et des travaux des assemblées parlementaires.

2) Le parlementarisme non majoritaire

Le parlementarisme non majoritaire est la conséquence du multipartisme intégral (cf. *supra*, p. 67). Les gouvernements doivent s'appuyer sur des coalitions de partis, coalitions parlementaires précaires et éphémères. À la limite, il existe autant de majorités parlementaires que de problèmes politiques à résoudre. Les gouvernements sont faibles car ils doivent multiplier les compromis pour maintenir la coalition. L'instabilité gouvernementale sera donc très forte. Toutefois, malgré une « instabilité gouvernementale » chronique, certains pays (France, IIIe et IVe Républiques, Italie [avant 2001 et de mai 2006 à mai 2008], Belgique) ont connu une relative « stabilité des ministres », et même une assez grande « stabilité des présidents du Conseil » ; ainsi, sous la IIIe République (France), 7 personnalités ont été à la tête de 38 gouvernements sur 104 : Charles Louis de Saulces de Freycinet (4), Alexandre Ribot (5), Charles Dupuy (5), Aristide Briand (11), Raymond Poincaré (5), Camille Chautemps (4), Pierre Laval (4) ; de même, en Italie (parlementarisme majoritaire de 2001 à 2006 mais surtout depuis mai 2008), alors que le gouvernement de Silvio Berlusconi est le 64e gouvernement de l'après-guerre, 7 personnalités ont été à la tête de 35 gouvernements depuis 1945 : de Gasperi (4), Moro (5), Rumor (4), Andreotti (7), Fanfani (7), Prodi (4), Berlusconi (4). En parlementarisme non majoritaire, le gouvernement est paralysé, harcelé, asservi par l'assemblée. La « démocratie représentative » se transforme en « démocratie médiatisée » et en « partitocratie » (cf. *supra*, p. 67).

Le changement du mode de scrutin législatif (abandon de la RP au profit d'un mode de scrutin mixte, par exemple) peut faciliter le passage du parlementarisme non majoritaire au parlementarisme majoritaire. De plus, la rationalisation du régime parlementaire permet de pallier les défauts du parlementarisme non majoritaire.

Dans les pays concernés, le caractère majoritaire ou non majoritaire du parlementarisme n'est pas définitif : ainsi, après une forte instabilité gouvernementale, l'Espagne et le Portugal démocratiques connaissent le parlementarisme majoritaire, respectivement depuis 1982 et 1985, de même que l'Italie de 2001 à 2006, mais surtout depuis 2008 (avec l'avènement du bipartisme en avril et la formation du quatrième gouvernement Berlusconi en mai) ; inversement, le Japon a connu une brève période de parlementarisme non majoritaire (1993-1996). Actuellement, le parlementarisme majoritaire s'est imposé aux dépens du parlementarisme non majoritaire dans de nombreux pays, sauf en Israël, en Belgique, aux Pays-Bas principalement, ainsi que dans la plupart des États de l'Europe centrale et orientale qui – toutefois – semblent actuellement évoluer vers la bipolarisation et le parlementarisme majoritaire malgré la récente progression des partis populistes et ultranationalistes (surtout en Lituanie, en Pologne, en Slovaquie, en République tchèque, en Hongrie et en Roumanie).

c) Le parlementarisme inorganisé et le parlementarisme rationalisé

1) L'inorganisation du régime parlementaire

Dans certains pays, et à certaines époques, l'absence de rationalisation du régime parlementaire (France, IIIe République), ou l'insuffisance de la rationalisation (France, IVe République ; Italie, Belgique, etc.) ont augmenté les risques d'instabilité gouvernementale. Ainsi, les trois LC de 1875 ont seulement prévu que le gouvernement était « responsable devant les chambres ». N'importe quel ministre, sans même consulter les autres membres du gouvernement, pouvait poser la question de confiance, n'importe quand et sur n'importe quoi ; de plus, un seul parlementaire pouvait déposer une motion de censure, qui pouvait être votée au débotté, sans délai de réflexion. Toutefois, même non rationalisé, un régime parlementaire peut ignorer l'instabilité gouvernementale (exemple du Royaume-Uni, sauf à considérer le mode de scrutin législatif – scrutin uninominal majoritaire à un tour – comme le meilleur procédé de rationalisation !).

2) La rationalisation du régime parlementaire

La rationalisation poursuit deux objectifs : favoriser la stabilité gouvernementale, et améliorer l'efficacité de l'action gouvernementale, surtout en matière normative (création de la règle de droit). Grâce à des mécanismes juridiques, le constituant essaie d'obtenir ce qu'un système de partis simple et cohérent (bipartisme, multipartisme tempéré) procure naturellement dans les pays qui connaissent le parlementarisme majoritaire.

Les premiers mécanismes de « rationalisation du régime parlementaire » (selon la formule du constitutionnaliste Boris Mirkine-Guetzévitch [1892-1955]) ont été inventés par les professeurs Hugo Preuß (en Allemagne) et Hans Kelsen (en Autriche). Les constituants de l'Entre-deux-guerres ont été les premiers à tenter cette rationalisation du régime parlementaire : Allemagne de Weimar, Autriche, Hongrie, Pologne, Tchécoslovaquie, Roumanie ; cependant, dans tous ces pays, le contexte politique et surtout économique a été à l'origine de graves dysfonctionnements du régime.

Après la Seconde Guerre mondiale, l'effort de rationalisation a été insuffisant en France (1946) et en Italie (1947). Au contraire, la rationalisation du régime parlementaire a atteint un degré de sophistication extrême en Allemagne, et dans la France de la Ve République. De même, récemment, la plupart des États post-communistes de l'Europe centrale, orientale et balte ont instauré un régime parlementaire fortement rationalisé, certains pays s'inspirant même du modèle allemand.

Actuellement, le régime parlementaire est plus ou moins rationalisé dans tous les pays de l'Union européenne, sauf aux Pays-Bas (malgré l'élaboration d'une nouvelle Constitution en 1983), au Royaume-Uni (réserve faite du SUM1T) et au Luxembourg.

- LA RATIONALISATION AU SERVICE DE LA STABILITÉ GOUVERNEMENTALE

Le constituant s'efforce souvent de donner au gouvernement en cours de formation la majorité parlementaire la plus large possible. Ainsi, le chef de gouvernement choisi par le chef de l'État (le plus souvent) doit se présenter devant la chambre basse (exceptionnellement devant les deux chambres), lui présenter son futur gouvernement, lui exposer son programme, afin d'obtenir un vote d'investiture, généralement à la majorité des membres de l'assemblée.

Le chancelier allemand est élu par le *Bundestag* à la majorité de ses membres (art. 63 LF). En vertu d'une réforme adoptée par la *Knesseth* en 1992, le Premier ministre israélien, de façon inédite, était élu au suffrage universel direct, puis formait son gouvernement et sollicitait un vote de confiance de la *Knesseth* (à la majorité de ses membres) : ainsi, Benyamin Nétanyahou (1996), Ehoud Barak (1999), et Ariel Sharon (février 2001) ont été élus par le peuple Premier ministre de l'État hébreu ; le 7 mars 2001, la *Knesseth* a abandonné cette réforme qui avait aggravé l'instabilité gouvernementale au lieu de la réduire.

Les constituants français (1958) et allemand (1949) ont multiplié les mécanismes juridiques pour rendre difficile la mise en cause de la responsabilité ministérielle, et donc éviter la chute du gouvernement. Ainsi, pour être recevable, la motion de censure « offensive » (France, art. 49 al. 2 C) doit être signée par au moins le dixième des députés (afin d'éviter que le gouvernement ne soit harcelé par un petit nombre de députés). La motion de censure ne peut être soumise à un vote qu'après un délai de 48 heures (délai de réflexion pour tempérer les passions politiques). La motion de censure, pour être adoptée, doit être votée par la majorité des membres de l'Assemblée nationale (289/577, majorité difficile à atteindre). Le vote a lieu au scrutin public (la publicité du scrutin contraint chaque député à assumer sa position lors du vote). Seuls sont recensés les votes favorables à la motion de censure (souci d'éviter que le gouvernement ne soit politiquement mis en minorité sans être juridiquement renversé). En Allemagne, au moyen d'une motion de censure « constructive », le *Bundestag* exprime sa défiance envers le chancelier fédéral en élisant un successeur à la majorité absolue (majorité des membres) : le constituant de Bonn (1949) évite ainsi la coalition contre nature de partis politiques antagonistes qui s'entendraient pour détruire, mais qui s'affronteraient pour construire. Ce système de la motion de censure constructive se retrouve notamment dans les Constitutions espagnole (1978), belge (1994), polonaise (1997), hongroise (1949, Constitution dont un seul article reste inchangé !) et israélienne (réforme de mars 2001). En France, la menace de la dissolution pèse constamment sur l'Assemblée nationale, le droit de dissolution étant un pouvoir « discrétionnaire » du chef de l'État (art. 12 C).

Certains modes de scrutin législatif sont également un facteur de rationalisation en favorisant la constitution de majorités parlementaires stables et homogènes : le SUM1T, le SUM2T tel qu'il est aujourd'hui organisé en France, le scrutin mixte à dominante majoritaire, ou même la RP à condition d'instaurer un seuil de représentativité élevé (4 % des suffrages ou plus).

• LA RATIONALISATION AU SERVICE DE L'EFFICACITÉ DE L'ACTION NORMATIVE DU GOUVERNEMENT

En France, notamment, le constituant de 1958 a mis en place des mécanismes qui permettent au gouvernement de conduire la procédure législative (cf. *supra*, p. 94). De plus, le même constituant, en créant le pouvoir réglementaire autonome (art. 37), a fait de l'exécutif le législateur de droit commun, alors que le Parlement n'a plus qu'une compétence d'attribution. En outre, la pratique des décrets-lois (IIIe et IVe Républiques) a été institutionnalisée par le constituant de 1958 (les ordonnances, art. 38 C).

2 Le régime parlementaire en France

La Charte constitutionnelle du 4 juin 1814 : les débuts du régime parlementaire sous la Restauration

Octroyée par Louis XVIII qui s'inspire de l'exemple anglais tout en confiant au roi des pouvoirs très supérieurs à ceux du monarque britannique, la Charte du 4 juin 1814 prévoit les structures nécessaires au fonctionnement d'un régime parlementaire.

Le pouvoir exécutif est dualiste, scindé entre le roi et les ministres, face à une assemblée élue (la Chambre des députés des départements) et à une assemblée héréditaire (la Chambre des pairs). Dès

1815 est créée la fonction de « président du Conseil ». Le roi dispose de prérogatives importantes : il nomme et révoque les ministres, ainsi que les fonctionnaires de l'État, il reçoit et accrédite les envoyés diplomatiques, dispose de la force armée, promulgue la loi ; de plus, le roi, et lui seul, possède le droit d'initiative des lois, et il peut prendre – en cas de nécessité – des ordonnances en vue d'assurer la sûreté de l'État ; enfin, il convoque les deux chambres, et surtout il peut dissoudre librement la Chambre des députés. Le roi est irresponsable. Quant aux ministres, ils ont un droit d'entrée aux chambres, peuvent y être entendus lorsqu'ils le demandent, et sont pénalement responsables devant elles.

La représentativité de la Chambre des députés est très faible car le cens est particulièrement élevé ; avec 110 000 électeurs et 16 000 citoyens éligibles, le fossé est profond entre la France légale et la France réelle. Les chambres votent la loi et consentent l'impôt.

Les structures sont donc celles d'un régime parlementaire, mais les pouvoirs respectifs de l'exécutif et du Parlement sont assez éloignés de l'esprit du parlementarisme. Or, en pratique, le régime va rapidement évoluer vers un fonctionnement de type parlementaire. En droit, le roi – s'il le désire – peut dominer totalement les ministres qui ne peuvent agir sans son accord. Mais, en fait, Louis XVIII laissera une très grande autonomie aux ministres, dont la responsabilité politique devant les chambres apparaîtra rapidement. En effet, les ministères qui perdent le soutien des chambres démissionneront : ministères (duc) de Richelieu en 1818, Decazes en 1820, et – sous Charles X – Villèle en 1828.

Toutefois, le développement du parlementarisme – sous l'influence de Louis XVIII – sera remis en cause avec l'avènement au pouvoir de son frère, Charles X, en 1824. Lors des législatives de 1827, les libéraux l'emportent sur les ultras. Après avoir tenté de parvenir à un compromis, en 1829 Charles X nomme un ministère ultra, celui du prince de Polignac, alors que le parlementarisme exige que le ministère sorte de la majorité de la chambre basse, comme le rappellent les députés qui votent « l'Adresse des 221 ». Pour régler le conflit, Charles X prononce une dissolution de la chambre, qui aboutit au renforcement de la majorité libérale. Le roi maintient le ministère Polignac, gouverne par ordonnances à partir du 25 juillet 1830, alors que la sûreté de l'État n'est pas menacée, suspend la liberté de la presse, et procède à une nouvelle dissolution, s'érigeant ainsi en censeur du pouvoir de suffrage. Ce véritable coup d'État déclenche l'insurrection de 1830, qui dure trois jours (les Trois Glorieuses). Cette révolution victorieuse contraint Charles X à s'exiler, et le duc Louis-Philippe d'Orléans, chef de la branche cadette des Bourbons, accède au trône.

La Charte constitutionnelle du 14 août 1830 : le parlementarisme dualiste ou orléaniste sous la Monarchie de Juillet

La Charte de 1830 reprend celle de 1814 en la modifiant sur certains points. Cette nouvelle Charte n'est plus octroyée par le roi, mais acceptée par lui : la souveraineté « de droit divin » fait donc place à la souveraineté « nationale ». Le roi ne peut plus recourir aux ordonnances. De plus, les chambres reçoivent le droit d'initiative des lois, qu'elles partagent désormais avec le souverain. Enfin, la représentativité des chambres est améliorée : le cens est abaissé et le caractère héréditaire de la Chambre des pairs disparaît.

Le parlementarisme est renforcé puisque, dès 1831, Casimir-Perier (à la tête du ministère) se comporte en véritable chef de gouvernement. Il détermine et conduit une politique qu'il défend devant la chambre basse. Casimir-Perier donne donc une impulsion décisive à la fonction de Premier ministre, chef de gouvernement, confortant ainsi le dualisme de l'exécutif. Cette pratique sera confirmée par ses successeurs, principalement de Broglie, Thiers et Guizot. Dans le silence de la Charte, la responsabilité politique des ministères est mise en jeu régulièrement, d'autant plus que l'interpellation apparaît en 1830, puis, à l'initiative de Casimir-Perier, la question de confiance en 1831. Sous la Monarchie de Juillet, 6 gouvernements seront contraints de démissionner en raison de l'hostilité de la Chambre des députés, ce qui provoquera le recours à la dissolution.

Louis-Philippe dispose de pouvoirs réels et, en France, « Le trône n'est pas un fauteuil vide » (Guizot). Le Premier ministre doit donc avoir également la confiance du roi (parlementarisme dualiste). Ainsi, trois ministères seront congédiés par le monarque (Lafitte en 1831, Thiers en 1836 et 1840). La stabilité gouvernementale, de 1840 à 1848, résulte de l'identité de vues entre le roi et son Premier ministre, Guizot, qui bénéficie également de la confiance de la Chambre des députés.

La IIIe République : le parlementarisme moniste, inorganisé et non majoritaire

Après l'effondrement du Second Empire le 4 septembre 1870 (suite à la défaite de Sedan), l'Assemblée nationale élue le 8 février 1871 s'efforce de restaurer la monarchie. Thiers fait fonction de président d'une République de fait toute provisoire. Les monarchistes, majoritaires à l'assemblée, sont divisés entre les légitimistes, favorables au Comte de Chambord, et les orléanistes favorables au fils de Louis-Philippe d'Orléans. Le ralliement de Thiers à la République provoque un conflit avec l'assemblée : Thiers démissionne et, le 20 novembre 1873, l'Assemblée nationale confie le pouvoir exécutif au maréchal Mac-Mahon pour un mandat personnel de 7 ans. Le temps qui s'écoule joue en faveur de la République. Dans l'attente de la mort du (vieux) Comte de Chambord, dont l'intransigeance empêche la restauration de la monarchie, la plupart des députés orléanistes s'allient aux républicains modérés et, le 30 janvier 1875, l'amendement Wallon est voté avec une voix de majorité : « Le président de la République est élu à la majorité absolue des suffrages par le Sénat et la Chambre des Députés réunis en Assemblée nationale ». La République, que les monarchistes croient provisoire, se trouve ainsi établie. Les trois LC des 24 février, 25 février et 16 juillet 1875 instaurent un régime parlementaire.

a) La « République parlementaire »

1) Un régime parlementaire dualiste (1875-1877)

Élu par un collège électoral très restreint, le président possède une faible légitimité. Cependant, Mac-Mahon entend jouer un rôle politique actif et interprète les lois constitutionnelles comme si elles établissaient un parlementarisme dualiste, les ministres devant avoir la confiance non seulement du Parlement mais aussi du président.

Le chef de l'État possède des « pouvoirs nominaux » très importants. Il nomme les ministres, négocie et ratifie les traités. Il dispose de la force armée. Il est le chef de l'Administration puisqu'il nomme aux emplois civils et militaires de l'État. Il a l'initiative des lois. Il promulgue les lois. Il possède le pouvoir réglementaire. Il dispose du droit de message, ce qui lui permet de communiquer avec les chambres, mais il est interdit d'hémicycle. Il peut convoquer les assemblées en session extraordinaire. Mais surtout, il peut décider de la dissolution de la Chambre des Députés sur avis conforme du Sénat.

En revanche, les « pouvoirs réels » du président sont presque inexistants dans la mesure où il ne possède aucun pouvoir propre, tous ses actes étant soumis au contreseing ministériel.

Les LC de 1875 établissent la responsabilité du gouvernement devant les chambres, mais aucune disposition ne prévoit la responsabilité de ce même gouvernement devant le chef de l'État. Or, selon Mac-Mahon (monarchiste), les prérogatives du président sont telles, notamment le droit de dissolution, que les ministres doivent avoir la confiance à la fois du Parlement et du chef de l'État.

Succédant à Buffet le 23 février 1876, Dufaure devient le 9 mars 1876 le premier « président du Conseil » nommé par Mac-Mahon ; après plusieurs votes hostiles de la chambre basse, Dufaure démissionne et Jules Simon lui succède en décembre 1876. Le 16 mai 1877, le président désavoue la politique du chef de gouvernement en lui adressant une lettre de blâme. Jules Simon démissionne alors qu'il est soutenu par la majorité parlementaire à la Chambre des Députés et, le 17 mai,

Mac-Mahon charge le duc de Broglie de former un ministère. Dès le 20 mai, la majorité républicaine rédige une déclaration (le manifeste des 363), laquelle affirme que le gouvernement doit, avant tout, jouir de la confiance de l'assemblée, selon les principes du parlementarisme moniste. Le 16 juin, jour de la rentrée parlementaire, le gouvernement conservateur dirigé par de Broglie est mis en minorité, et Mac-Mahon décide de recourir à la dissolution : cette dissolution – prononcée le 25 juin – n'est pas inconstitutionnelle, l'avis conforme du Sénat (dont la majorité est monarchiste) ayant été obtenu.

La campagne électorale porte sur le rôle du président et le caractère moniste ou dualiste du régime parlementaire. Lors des législatives des 14 et 28 octobre, la majorité républicaine l'emporte, et la thèse du parlementarisme moniste triomphe. Après avoir tenté d'imposer le général de Rochebouët comme président du Conseil, Mac-Mahon s'incline et nomme Dufaure. Finalement, après que le renouvellement partiel de la chambre haute ait donné la majorité sénatoriale aux républicains, Mac-Mahon démissionnera le 30 janvier 1879.

2) Un régime parlementaire moniste (1877-1940)

La crise du 16 mai 1877 est un tournant dans l'histoire de la IIIe République. Dorénavant, le président va seulement « inaugurer les chrysanthèmes » (Charles de Gaulle) ; il se cantonne dans un rôle protocolaire, et le droit de dissolution tombe en déshérence. Toutefois, dans la mesure où plusieurs majorités de coalition sont possibles, le chef de l'État va jouer un rôle important lors du choix du président du Conseil : l'action de l'Élysée sera essentielle pour résoudre les crises ministérielles, d'autant plus que la IIIe République a connu une instabilité gouvernementale chronique.

Le 6 février 1879, dans son message aux chambres, Jules Grévy – le nouveau président – célèbre le parlementarisme moniste (Constitution Grévy) ; à l'exception d'Alexandre Millerand (1920-1924), les successeurs de Jules Grévy (1879-1887) renonceront à exercer un rôle politique actif : Sadi Carnot (1887-1894), Auguste Casimir-Perier (1894-1895), Felix Faure (1895-1899), Émile Loubet (1899-1906), Armand Fallières (1906-1913), Raymond Poincaré (1913-1920), Paul Deschanel (février 1920-septembre 1920), Gaston Doumergue (1924-1931), Paul Doumer (1931-1932), Albert Lebrun (1932-1940). Seul Alexandre Millerand a tenté de « faire de la résistance » : élu en 1920 par un Parlement dominé par le Bloc national, il a voulu sortir de son rôle protocolaire en recevant régulièrement les ministres et les préfets, et surtout en prononçant à Évreux le fameux discours du 14 octobre 1923, dans lequel il préconise de faire du droit de dissolution un pouvoir discrétionnaire du président en supprimant l'exigence de l'avis conforme du Sénat. En 1924, A. Millerand est contraint de démissionner par la chambre basse, à la suite de la victoire du Cartel des Gauches aux législatives.

Le président du Conseil est le véritable chef de l'exécutif, bien que les LC de 1875, brèves (34 articles) et imprécises, aient oublié de prévoir son existence ! Dès le 9 mars 1876, Dufaure prend le titre de président du Conseil, mais cette institution sera purement coutumière jusqu'en 1934. Le président du Conseil va jouer un rôle décisif lors de la composition du gouvernement. De plus, il contrôle l'ensemble de la politique gouvernementale puisqu'il contresigne tous les actes du chef de l'État. Dans le silence des textes, le nouveau président du Conseil viendra présenter son programme et son équipe gouvernementale aux deux chambres. Véritable chef de l'exécutif, il exerce des fonctions d'impulsion, de coordination et de décision. En vérité, l'autorité du président du Conseil variera en fonction de sa personnalité et de la solidité du gouvernement. Certains présidents du Conseil ont marqué de leur empreinte la IIIe République : William Henry Waddington (1879), Charles Louis de Saulces de Freycinet (1879-1880, puis 1882, 1886 et 1890-1892), Jules Ferry (1880-1881, puis 1883-1885), Léon Gambetta (1881-1882), Pierre Waldeck-Rousseau (1899-1902), Émile Combes (1902-1905), Georges Clemenceau (1906-1909, puis 1917-1920), Aristide Briand (11 ministères dans la période 1909-1929), Raymond Poincaré (1912-1913, puis 1922-1924, 1924, 1926-1928, 1928-1929), André Tardieu (1929-1930, puis 1930, 1932), Édouard Daladier (1933, puis 1934, 1938-1940), Léon Blum (1936-1937, puis 1938).

b) La « République des parlementaires »

1) L'instabilité gouvernementale

Avec 104 gouvernements, la IIIe République a connu une forte instabilité ministérielle.

- LES CAUSES DE L'INSTABILITÉ

I. *Les causes juridiques*

Le gouvernement n'est pas juridiquement protégé contre les attaques des parlementaires. La responsabilité politique du gouvernement est prévue, mais les modalités de sa mise en œuvre ne sont pas organisées (cf. *supra*, p. 128) ; le gouvernement se retire dès lors qu'il a en face de lui une majorité relative ; de plus, les deux chambres peuvent contraindre le gouvernement à démissionner, et 9 gouvernements ont été victimes de l'hostilité du Sénat, alors que la seconde chambre n'est pas élue au suffrage universel direct et ne peut pas être dissoute : ministères Tirard (1890), Bourgeois (1896), Caillaux (1912), Briand (1913), Herriot (1925), Tardieu (1930), Laval (1932), Blum (1937), et de nouveau Blum (1938). En outre, les députés pouvaient renverser les gouvernements sans risquer la dissolution de leur chambre. La « course aux portefeuilles » était également un facteur d'instabilité, certains députés – plutôt favorables au gouvernement – votaient cependant pour la censure ou contre la confiance, car ils espéraient faire partie de la prochaine équipe gouvernementale !

II. *Les causes politiques*

Le multipartisme intégral a été presque constant sous la IIIe République, sauf de 1899 à 1913. Le scrutin uninominal majoritaire à deux tours (scrutin d'arrondissement), qui est le mode de scrutin législatif de la IIIe République (sauf de 1885 à 1889, et de 1919 à 1927) ne parvient pas à favoriser la formation de majorités parlementaires homogènes. Parfois, un changement de majorité survient en milieu de législature, toujours en faveur de la droite : gouvernements Poincaré (1926), Doumergue (1934), Daladier (1938), et Reynaud (1940).

• LES CONSÉQUENCES DE L'INSTABILITÉ

L'exécutif est faible, face à un législatif fort. L'espérance de vie des gouvernements est très courte, 8 mois en moyenne, ce qui entraîne le « gouvernement à secousses ». Il manque au ministère la durée pour que son action soit efficace. Cependant, ayant l'assurance de rester en place pendant au moins 3 mois, le gouvernement prend parfois des décisions très importantes durant cette brève période. La démocratie est médiatisée (cf. *supra*, p. 82) et la démocratie représentative fait place à la partitocratie (cf. *supra*, p. 67).

2) La prépondérance du Parlement dans la fonction de législation

Le Parlement a l'entière maîtrise de la procédure législative : maîtrise des chambres sur leur ordre du jour, tendance des commissions parlementaires à réécrire les projets de loi du gouvernement, caractère illimité du domaine de la loi, etc. Cependant, à partir de 1924 (gouvernement Poincaré), le Parlement a consenti à douze reprises une délégation du pouvoir législatif (cf. *supra*, p. 94) : ce recours à la pratique des décrets-lois s'explique par la situation économique et financière de la France qui nécessitait de prendre rapidement des mesures impopulaires.

Conséquence du bicaméralisme égalitaire établi en 1875, le Sénat possède une faculté d'empêcher en matière législative et financière ; il en est de même s'agissant de la révision constitutionnelle. En raison de son conservatisme, la seconde chambre a entravé un certain nombre de réformes pendant l'Entre-deux-guerres, surtout en matière économique et sociale.

La IVe République : la « République des députés » et le parlementarisme non majoritaire

Après l'échec du premier projet de Constitution qui instaurait un véritable régime d'assemblée, tout en simulant un régime parlementaire (cf. *infra*, p. 154), le second projet (compromis entre les conceptions constitutionnelles des socialistes de la SFIO et des démocrates-chrétiens du MRP) est approuvé par référendum le 13 octobre 1946 : la Constitution du 27 octobre 1946 rétablit le régime parlementaire.

a) Un exécutif faible

1) Un exécutif émanant du Parlement ou de la seule Assemblée nationale

Le président de la République est élu pour 7 ans par le Parlement, c'est à dire par l'Assemblée nationale et le Conseil de la République réunis en Congrès. Il n'est rééligible qu'une seule fois. Issu d'un collège électoral très restreint, le chef de l'État jouit d'une faible légitimité. Vincent Auriol a été élu président de la République en janvier 1947, puis René Coty en décembre 1953.

Alors que le président de la République procède du Parlement, le président du Conseil émane de la seule Assemblée nationale. Dans le texte initial de 1946, une fois choisi par le chef de l'État, le président du Conseil doit se présenter seul devant l'Assemblée nationale pour lui soumettre son programme et solliciter son investiture. Puis, après avoir obtenu cette investiture (à la majorité des membres), il compose son gouvernement, ce qui implique des dosages politiques difficiles : les présidents du Conseil prirent donc l'habitude de se présenter une seconde fois, avec leurs ministres, devant l'Assemblée nationale pour solliciter un vote de confiance non prévu par la Loi fondamentale, mais cette fois à la majorité des suffrages exprimés. Ce système de la « double investiture » est inauguré par Paul Ramadier, dès le 28 janvier 1947. La révision constitutionnelle du 7 décembre 1954 mettra fin à cette pratique ; dorénavant, le nouveau chef de gouvernement choisi par le président devra se présenter devant les députés avec la liste des membres de son gouvernement, et solliciter un vote d'investiture désormais acquis à la majorité des suffrages exprimés.

Le président du Conseil et ses ministres émanent donc directement de l'Assemblée nationale ; du reste, en raison du contexte de multipartisme intégral, les parlementaires et les états-majors des partis joueront un rôle déterminant dans la composition du gouvernement.

Liste des présidents du Conseil

- Léon Blum (16 décembre 1946 – 22 janvier 1947)
- Paul Ramadier (22 janvier 1947 – 24 novembre 1947)
- Robert Schuman I (24 novembre 1947 – 26 juillet 1948)
- André Marie (26 juillet 1948 – 5 septembre 1948)
- Robert Schuman II (5 septembre 1948 – 11 septembre 1948)
- Henri Queuille I (11 septembre 1948 – 28 octobre 1949)
- Georges Bidault (28 octobre 1949 – 2 juillet 1950)
- Henri Queuille II (2 juillet 1950 – 12 juillet 1950)
- René Pleven I (12 juillet 1950 – 10 mars 1951)
- Henri Queuille III (10 mars 1951 – 11 août 1951)
- René Pleven II (11 août 1951 – 20 janvier 1952)
- Edgar Faure I (20 janvier 1952 – 8 mars 1952)
- Antoine Pinay (8 mars 1952 – 8 janvier 1953)
- René Mayer (8 janvier 1953 – 28 juin 1953)
- Joseph Laniel (28 juin 1953 – 19 juin 1954)
- Pierre Mendès France (19 juin 1954 – 23 février 1955)
- Edgar Faure II (23 février 1955 – 1er février 1956)
- Guy Mollet (1er février 1956 – 13 juin 1957)
- Maurice Bourgès–Maunoury (13 juin 1957 – 6 novembre 1957)
- Félix Gaillard (6 novembre 1957 – 14 mai 1958)
- Pierre Pflimlin (14 mai 1958 – 1er juin 1958)
- Charles de Gaulle (1er juin 1958 – 8 janvier 1959).

2) Un président de la République dépourvu de tout rôle politique actif

Le président est politiquement irresponsable et tous ses actes doivent être contresignés par le président du Conseil. Le chef de l'État ne dispose donc que de pouvoirs nominaux, les pouvoirs réels étant exercés par le président du Conseil, chef de l'exécutif. Certains pouvoirs nominaux, comme le pouvoir réglementaire, que possédait le président sous la IIIe République, ont même été confiés au président du Conseil. De plus, l'Élysée ne joue plus aucun rôle actif dans la procédure de dissolution.

En fait, le président va exercer une influence importante, comme sous la IIIe République, quand il s'agira de résoudre les crises ministérielles. Après avoir consulté les responsables des groupes parlementaires, l'Élysée pressent un candidat pour exercer la fonction de chef de gouvernement. Si, après avoir fait « un tour de piste » (consultation des leaders des groupes parlementaires), la personnalité accepte, elle est alors désignée comme président du Conseil par le chef de l'État ; il lui reste à obtenir la double investiture, puis la simple investiture (et à la majorité seulement relative) après la révision de 1954. Ensuite, en cas de succès, la personnalité est nommée président du Conseil par l'Élysée. En pressentant tel candidat plutôt que tel autre, le chef de l'État jouait donc un rôle majeur : choix d'Antoine Pinay par le président Vincent Auriol en mars 1952, choix de Guy Mollet aux dépens de Pierre Mendès France par le président René Coty en janvier 1956. Par leur action, les présidents Vincent Auriol (janvier 1947 - décembre 1953) et René Coty (décembre 1953 - janvier 1959) ont exercé une véritable magistrature d'influence.

3) Un gouvernement peu efficace

Le président du Conseil est à la fois chef de l'exécutif, chef de gouvernement, et chef de la majorité parlementaire.

Véritable « chef de l'exécutif », le président du Conseil détermine et conduit la politique de la nation. Il possède le pouvoir réglementaire ; il nomme aux emplois civils et militaires de l'État, et apparaît donc comme le chef de l'Administration. De plus, il a la maîtrise du droit de dissolution, puisque la dissolution de l'Assemblée nationale est décidée en Conseil des ministres après avis du président de la chambre basse (avis simple, purement consultatif, qui ne lie donc pas le chef de gouvernement). La dissolution est prononcée, conformément à la décision du gouvernement (donc du président du Conseil) par décret du président de la République, puis contresignée par Matignon.

Véritable « chef de gouvernement », le président du Conseil choisit ses ministres et décide de leur révocation. En réalité, il doit obtenir l'accord des états-majors des partis politiques. Il dirige l'action du gouvernement, veille au respect de la solidarité ministérielle (révocation des 5 ministres communistes le 5 mai 1947, sur décision de Paul Ramadier en date du 4 mai).

Véritable « chef de la majorité parlementaire », il doit diriger la coalition – souvent hétérogène – des partis associés au pouvoir. Parmi les présidents du Conseil, certains ont joué un rôle politique considérable sous la IVe République : Paul Ramadier (janvier 1947 - novembre 1947), Robert Schuman (novembre 1947 - juillet 1948), Antoine Pinay (mars 1952 - janvier 1953), Pierre Mendès

France (juin 1954 - février 1955), Edgar Faure (janvier 1952 - mars 1952, puis février 1955 - février 1956), Guy Mollet (février 1956 - juin 1957).

Malgré tout, le gouvernement est faible face à la prépondérance de l'Assemblée nationale. L'instabilité gouvernementale est telle que la durée de vie du gouvernement est trop courte pour mener à bien une action politique efficace. La fréquence des crises ministérielles et des « tours de piste » des personnalités pressenties disqualifie l'exécutif auprès des Français et des gouvernements étrangers. Au total, la France est restée sans gouvernement pendant presque une année sur les douze années de la IVe République ! La faiblesse de l'exécutif est aggravée par l'encadrement juridique dont le droit de dissolution fait l'objet (cf. *infra,* p. 142). L'absence de majorité parlementaire stable et cohérente transforme Matignon en citadelle assiégée. Les gouvernements sont d'autant plus fragiles qu'ils sont composés de partis coalisés qui auront tendance à défendre les positions de leur parti.

b) La prépondérance de l'Assemblée nationale dans les mécanismes relationnels

1) Responsabilité gouvernementale et instabilité ministérielle

L'instabilité gouvernementale est chronique sous la IVe République (22 gouvernements en 12 ans).

• LES CAUSES DE L'INSTABILITÉ GOUVERNEMENTALE

La Constitution de 1946 a tenté de rationaliser le régime parlementaire afin d'éviter l'instabilité ministérielle que la France avait connue sous la IIIe République. En effet, il faut que la majorité des membres de l'Assemblée nationale soit hostile au gouvernement pour qu'il soit renversé : rejet d'une question de confiance à la majorité absolue des députés, adoption d'une motion de censure à la même majorité, laquelle était difficile à atteindre.

De plus, désormais, seul le président du Conseil peut poser la question de confiance, après y avoir été autorisé par le Conseil des ministres. Le vote sur la question de confiance intervient au terme d'un délai d'un jour franc : ce délai de réflexion permet de tempérer les passions politiques. Le vote a lieu au scrutin public, ce qui contraint le député à assumer sa position lors du scrutin. Le vote de la motion de censure, motion qui peut avoir été déposée par un seul député, a lieu dans les mêmes conditions que celui de la question de confiance.

Cet effort de rationalisation sera insuffisant. Les mécanismes juridiques prévus en 1958, notamment pour la motion de censure « offensive », sont nettement plus efficaces (cf. *supra*, p. 129). Mais surtout, le contexte politique de multipartisme intégral a réduit à néant cet effort de rationalisation.

En réalité, aucune motion de censure n'a été adoptée, et seuls 6 gouvernements sur 22 ont été renversés constitutionnellement à la suite du rejet de la question de confiance (à la majorité absolue des députés) : les gouvernements Bidault (juin 1950), Pleven (janvier 1952), Mayer (mai 1953), Mendès France (février 1955), Faure (novembre 1955) et Gaillard (avril 1958). Toutefois, de nombreux présidents du Conseil ont démissionné sans y être obligés au regard de la Loi fondamentale. Cette situation paradoxale est liée à diverses raisons.

En premier lieu, lorsque la question de confiance était posée, ou lorsqu'une motion de censure était déposée, le gouvernement était parfois mis en minorité sans être juridiquement renversé (exemple : 300 députés contre la confiance ou pour la censure, 270 pour la confiance ou contre la censure, et 57 abstentions, la majorité absolue étant alors de 314/627) ; ici, le gouvernement perd toute autorité politique et le président du Conseil – sans y être juridiquement obligé – remet sa démission au chef de l'État. Cette mésaventure tourne même au « scénario-catastrophe » lorsqu'un vote de ce type survient après que le gouvernement ait posé la question de confiance sur un projet de loi : non seulement le président du Conseil perd toute autorité politique, mais il se voit refuser les moyens juridiques qu'il réclamait pour gouverner.

En second lieu, certains gouvernements ont pratiqué la « pseudo » question de confiance : ils avertissaient qu'ils démissionneraient si le projet de loi – qu'ils jugeaient essentiel – n'était pas adopté.

En troisième lieu, comme en Italie, plusieurs présidents du Conseil ont démissionné en constatant la dislocation des groupes composant la majorité parlementaire (crise froide).

En quatrième lieu, l'instabilité résultait de l'union contre le gouvernement de partis d'opposition pourtant antagonistes (PCF + RPF, gaullistes, de 1947 à 1953) (PCF + poujadistes de l'UDCA de 1956 à 1958).

Enfin, le mode de scrutin législatif, à savoir la RP au scrutin de liste par département (1946), a favorisé le multipartisme intégral, même lorsque fut instauré à partir des législatives de 1951 le système des « apparentements » (possibilité pour les listes présentées par les différents partis de conclure entre elles des accords préalables) : ce mode de scrutin était basé sur la RP avec correctif majoritaire au profit des listes apparentées, et a donc fait évoluer la RP vers un mode de scrutin mixte. Le multipartisme intégral était tel qu'il y avait autant de majorités parlementaires que de problèmes à résoudre : laïcité (radicaux et socialistes c/ MRP et modérés), politique étrangère et européenne (socialistes et MRP c/ PCF), politique économique et sociale (MRP et radicaux c/ socialistes et PCF), etc.

- LES CONSÉQUENCES DE L'INSTABILITÉ GOUVERNEMENTALE

Les conséquences sont les mêmes que sous la IIIe République : la faiblesse du gouvernement, le « gouvernement à secousses » (Edgar Faure), la stabilité des ministres dans l'instabilité gouvernementale (les mêmes personnalités sont membres de nombreux gouvernements, à l'exemple de François Mitterrand qui sera 11 fois ministre ou secrétaire d'État !).

2) Un droit de dissolution difficile à mettre en œuvre

À la suite du précédent de 1877, le droit de dissolution (contrepartie normale de la responsabilité gouvernementale) était considéré comme un pouvoir exorbitant au profit de l'exécutif et, à la limite, un pouvoir non démocratique ! Le constituant de 1946 a rendu difficile la mise en œuvre du droit de dissolution, qui sera juridiquement très encadré. D'abord, la dissolution ne pouvait pas être prononcée au cours des 18 premiers mois de la législature. Ensuite, pour qu'elle fût prononcée, il fallait que surviennent – au cours d'une même période de 18 mois – deux crises gouvernementales dans les conditions prévues par la Constitution (rejet de la confiance ou adoption de la censure à la même majorité absolue des députés). Or, le plus souvent, le gouvernement démissionnait après avoir été politiquement mis en minorité, mais sans être juridiquement renversé : les députés avaient recours à la pratique des « votes calibrés » afin que les crises ministérielles ne soient pas comptabilisées.

Toutefois, les conditions de la mise en œuvre du droit de dissolution ont été enfin réunies en 1955, lorsque le gouvernement Faure (novembre 1955, rejet de la question de confiance) a été renversé constitutionnellement quelques mois après le gouvernement Mendès France (février 1955, rejet de la question de confiance), donc à la suite d'une « erreur de tir » des députés dans l'exercice des « votes calibrés ». Edgar Faure fit montre de courage politique en décidant de dissoudre l'Assemblée nationale, dissolution prononcée par le président René Coty le 2 décembre 1955 : le « charme magique » de la dissolution de 1877 était enfin rompu !

c) La prépondérance de l'Assemblée nationale sur le Conseil de la République

Élue au suffrage universel direct, l'Assemblée nationale jouit d'une forte légitimité, alors que le Conseil de la République est élu par un collège de notables qui ressemble à celui de la IIIe République.

Le constituant a voulu abaisser le Sénat (après avoir tenté de le supprimer dans le projet du 19 avril 1946). Certes, la seconde chambre ne peut plus remettre en cause la responsabilité politique du gouvernement. Mais surtout, elle perd une grande partie de ses compétences législatives ; avant la révision du 7 décembre 1954, le Conseil de la République n'exerce qu'une fonction consultative :

néanmoins, quand il vote – au scrutin public et à la majorité de ses membres – un avis favorable à une modification du texte, la chambre basse ne peut passer outre qu'à la suite d'un vote acquis à la même majorité ; après la révision de 1954, le Conseil de la République perd cette possibilité de bloquer un texte par la procédure du vote à la majorité absolue ; en revanche, le système de la navette est rétabli, mais limité à 100 jours après l'adoption du texte en deuxième lecture à l'Assemblée nationale qui, au terme de ce délai, peut surmonter l'opposition du Conseil de la République.

Cependant, la fonction législative du Parlement, avec prédominance de l'Assemblée nationale, va connaître un certain déclin en raison de la résurgence des décrets-lois, bien que la pratique en ait été interdite par l'article 13 C.

La IVe République a souvent été dénigrée : la « Démocratie sans le peuple », la « République des produits » (rôle des groupes de pression représentant les agents économiques) ; en réalité, dans un contexte international de crise, elle a réalisé une œuvre importante : reconstruction, développement économique et social, mise en place des institutions européennes, etc. La IVe République aurait sans doute réussi à se réformer si elle avait mené à bien la décolonisation de l'Algérie.

La Ve République : le parlementarisme rationalisé

a) Un régime « parlementaire moniste »

La Constitution du 4 octobre 1958 vérifie les critères du régime parlementaire : le dualisme de l'exécutif, un Premier ministre chef de l'exécutif, la responsabilité gouvernementale, le droit de dissolution, le contreseing ministériel, les mécanismes de collaboration entre l'exécutif et le législatif.

b) Un régime parlementaire « rationalisé »

Le constituant a voulu protéger l'exécutif contre l'instabilité gouvernementale (réglementation de la question de confiance, de la motion de censure offensive, de la motion de censure défensive, dissolution discrétionnaire de l'Assemblée nationale par le président de la République, etc.) et renforcer l'efficacité de l'action normative du gouvernement (conduite de la procédure législative).

c) Les nouveautés de la Constitution du 4 octobre 1958

En réaction contre la IVe République, le constituant de 1958 a largement innové : le référendum et la quête de la démocratie semi-directe, le renforcement de la fonction présidentielle, le renforcement de la fonction gouvernementale, l'abaissement du Parlement, la création du Conseil constitutionnel et l'instauration d'un contrôle de la constitutionnalité des lois.

d) La double pratique de la Constitution de 1958

Dès janvier 1959, une dérive présidentialiste – contraire à la Constitution – va faire du président de la République le chef de l'exécutif et du Premier ministre le principal exécutant de la politique présidentielle.

Cependant, la face parlementaire du régime resurgit lorsque le président perd sa majorité parlementaire à la suite d'élections législatives : s'ouvre alors une période de cohabitation avec un Premier ministre politiquement opposé au chef de l'État, un Premier ministre qui gouverne, et un président qui se cantonne dans sa fonction d'arbitre (art. 5 C), tout en étant le chef de l'opposition.

(Sur le régime parlementaire établi en 1958 et sur la cohabitation, voir notre ouvrage : *L'essentiel du droit constitutionnel ; t. 2 – Les institutions de la Ve République*, Gualino éditeur, 8e éd., 2008).

3 Le régime parlementaire à travers des exemples étrangers

■ *Le Royaume-Uni : parlementarisme majoritaire et bipartisme*

a) Le two-party system

Le parti travailliste (*Labour Party*) et le parti conservateur (les *Tories*) dominent la vie politique. Après une période de tripartisme (1922-1935), le parti travailliste s'est imposé aux dépens du parti libéral (les *Whigs*). Le mode de scrutin législatif (scrutin uninominal majoritaire à un tour) favorise le bipartisme (cf. *supra*, p. 81).

Au Royaume-Uni, le gouvernement est mandataire du peuple ; lors des législatives, les électeurs choisissent à la fois un député, un Premier ministre, une équipe gouvernementale et un programme politique ; en effet, conséquence du mode de scrutin, la victoire ne peut échapper au parti travailliste ou au parti conservateur ; en mai 2005, « voter travailliste » équivalait à désigner Tony Blair comme Premier ministre, et « voter conservateur » correspondait à choisir Michael Howard (alors leader des *Tories*). Le gouvernement britannique sort donc directement des urnes.

Le bipartisme favorise la stabilité gouvernementale et entraîne une banalisation du droit de dissolution. Le gouvernement est soutenu par une majorité absolue et disciplinée (rôle des « *whips* » [fouets] qui encadrent et informent les députés de base *[backbenchers]*, assurant ainsi le maintien de l'ordre au sein de chaque groupe parlementaire). Depuis le gouvernement de James Ramsay MacDonald désavoué en octobre 1924, seul le gouvernement de James Callaghan a été renversé (mars 1979). Toutefois, en dehors même de la Chambre des Communes, il existe une véritable responsabilité du Premier ministre devant son propre groupe parlementaire. Ainsi, depuis 1945, plusieurs Premiers ministres (conservateurs) ont été contraints de démissionner par leur propre majorité parlementaire : Antony Eden (janvier 1957, après la crise de Suez), Harold Macmillan (octobre 1963, affaire Profumo), Margaret Thatcher (novembre 1990, cote de popularité très basse du Premier ministre qui renonce après avoir été mis en ballottage par les députés conservateurs lors de l'élection du leader des *Tories*). Enfin, lors du Congrès travailliste de septembre 2006, les parlementaires du *Labour* ont obligé Tony Blair – dont la cote de popularité s'était effondrée – à quitter le pouvoir d'ici à l'été 2007, estimant que le triple vainqueur des législatives de 1997, 2001 et 2005 (événement unique dans l'histoire du *Labour Party*) était désormais le plus lourd handicap électoral du *Labour* face à la renaissance des *Tories* conduits par le jeune et dynamique David Cameron ; la démission de T. Blair est finalement survenue le 27 juin 2007, et Gordon Brown est le nouveau locataire travailliste du 10 *Downing Street.*

Le gouvernement ne risquant pas d'être renversé, le droit de dissolution devrait être tombé en désuétude. Il n'en est rien ; le Premier ministre demande à la reine de dissoudre la Chambre des Communes (souvent la quatrième année de la législature qui est de 5 ans) à un moment qu'il juge favorable pour le parti majoritaire. En 1983 (après la guerre des Malouines) et en 1987 (à la suite de bons résultats économiques et financiers), M. Thatcher a utilisé avec succès la « dissolution tactique », de même que Tony Blair en 2001 (après la publication de sondages très favorables), puis en 2005 (à la suite de bons résultats en matière économique, sociale et financière, et bien qu'une partie de l'électorat ait retiré sa confiance au Premier ministre en raison des circonstances de l'intervention militaire britannique en Irak depuis 2003).

Le bipartisme favorise l'établissement d'un véritable statut de l'opposition. L'alternance est régulière, bien que le balancier oscille lentement. Interlocuteur privilégié du Premier ministre, le leader de l'opposition (David Cameron, actuel chef du parti conservateur) est à la tête d'un « cabinet fantôme », dont les « contre-ministres » suivent la gestion du département ministériel qui leur a été virtuellement attribué.

b) La prépondérance du Premier ministre, adossé à sa majorité parlementaire

1) Le Premier ministre, véritable chef de l'exécutif

Le régime parlementaire britannique est souvent qualifié de « gouvernement de cabinet ». En effet, le cabinet constitue le noyau dur de l'appareil gouvernemental (22 membres dans le cabinet du gouvernement de Gordon Brown, juin 2007). Jusqu'en 1850, environ, cette appellation était appropriée puisque le Premier ministre était le *primus inter pares*, coordinateur politique plutôt qu'animateur.

Depuis la seconde moitié du XIXe siècle, l'autorité du Premier ministre s'est nettement raffermie. Le Premier ministre choisit les membres du gouvernement, il décide de mettre fin à leurs fonctions, il détermine la politique nationale et internationale mise en œuvre par ses ministres, il exerce le pouvoir réglementaire, il est le chef de l'Administration, et il dispose librement du droit de dissolution pour choisir le moment des élections générales. En matière législative et financière, il joue un rôle prépondérant lors de l'élaboration des projets de loi et lors de la préparation du projet de budget. Dorénavant, le Premier ministre décide seul et le gouvernement de cabinet qui prenait ses décisions collégialement a disparu, ce qui conduit à une véritable présidentialisation du pouvoir ! Ainsi, M. Thatcher a dirigé seule la reconquête des Malouines (1983), J. Major a livré et remporté la bataille de la ratification du Traité de Maastricht (1993), et T. Blair a imposé l'abandon en 1998 du « *Welfare Stat* » (État-Providence), puis engagé son pays dans la guerre en Irak (2003).

Liste des Premiers ministres depuis 1945

– Clement Attlee (travailliste, juillet 1945 – octobre 1951)
– Winston Churchill (conservateur, octobre 1951 – avril 1955)
– Anthony Eden (conservateur, avril 1955 – janvier 1957)
– Harold Macmillan (conservateur, janvier 1957 – octobre 1963)
– Alec Douglas Home (conservateur, octobre 1963 – octobre 1964)
– Harold Wilson (travailliste, octobre 1964 – juin 1970)
– Edward Heath (conservateur, juin 1970 – mars 1974)
– Harold Wilson (travailliste, mars 1974 – avril 1976)
– James Callaghan (travailliste, avril 1976 – mai 1979)
– Margaret Thatcher (conservateur, mai 1979 – novembre 1990)
– John Major (conservateur, novembre 1990 – mai 1997)
– Tony Blair (travailliste, mai 1997 – juin 2007).
– Gordon Brown (travailliste, juin 2007 –…)

2) Un monarque dépourvu de tout pouvoir réel

En théorie, le souverain est à la tête du pouvoir exécutif : nomination du Premier ministre et des membres du gouvernement, transformation des « *bills* » votés par le Parlement (simples propositions) en « *acts* » (lois), droit de dissolution. De plus, la reine Elizabeth II est chef des armées, de la diplomatie, et de l'Administration.

En réalité, le monarque a perdu tous ces pouvoirs, qui sont désormais exercés (en fait) par le Premier ministre (exemple : la reine ne dissout la Chambre des Communes que lorsque le Premier ministre lui en fait la demande) ; de plus, la possibilité de refuser la sanction des lois est tombée en désuétude depuis deux siècles, la reine Anne Stuart étant le dernier monarque à avoir opposé, le 11 mars 1708, un veto à un *bill* (en l'occurrence le *Scots Militia Bill*). La reine n'exerce plus qu'un rôle protocolaire.

Enfin, placée à la tête du Commonwealth, la reine demeure le chef de l'État pour le Canada, l'Australie et la Nouvelle-Zélande notamment, États où elle est représentée par un gouverneur.

3) La nette prédominance du Premier ministre et du Cabinet sur le Parlement

La Chambre des Communes possède des pouvoirs importants alors que la Chambre des Lords (dont la composition n'est pas démocratique) est en déclin. Ainsi, le gouvernement n'est politiquement responsable que devant les Communes, cependant que les *Parliament Acts* de 1911 et 1949 ont nettement réduit le rôle de la chambre haute en matière financière et législative.

Prédominante face à la Chambre des Lords, la Chambre des Communes est dans une position d'infériorité face au gouvernement. En matière législative, 85 % des lois votées sont des *government's bills* (projets de loi) contre 15 % de *private member's bills* (propositions de loi) ; de plus, la procédure du « kangourou » (depuis 1909) autorise le gouvernement (par l'intermédiaire du *speaker*) à « sauter » des amendements parlementaires (cf. *supra*, p. 94), et le système de la « guillotine » (depuis 1887) permet de clôturer les débats afin de mettre un terme au « *filibustering* » ou « flibuste » (obstruction parlementaire au moyen de procédés dilatoires) ; en outre, le gouvernement peut légiférer au moyen d'*orders in council* (législation déléguée). En matière financière, la Chambre des Communes vote bien les autorisations de recettes et de dépenses, mais elle n'a en la matière aucun droit d'initiative. Quant à la fonction de contrôle, la « *question time* » (procédure des questions au gouvernement) est certes très efficace, mais la possibilité de renverser le gouvernement semble purement théorique dans le contexte politique bipartisan.

L'Allemagne : le parlementarisme rationalisé et le bipartisme approché

a) Un parlementarisme majoritaire

1) Un bipartisme approché

La CDU/CSU (démocratie chrétienne) et le SPD (parti socialiste) dominent la vie politique en Allemagne. À partir des législatives de 1961, seuls trois partis sont représentés au *Bundestag* (CDU/CSU, SPD et le FDP, parti libéral), en 1983 les Verts entrent à la chambre basse et, après la réunification de l'Allemagne, le PDS (ex-communistes de l'ancienne RDA) est depuis 1990 le cinquième parti siégeant au *Bundestag* (alliés à une formation contestataire d'extrême-gauche, l'Alternative électorale pour le travail et la justice sociale [le WASG], les néo-communistes du PDS ont obtenu 54 sièges aux législatives de septembre 2005 : le WASG et le PDS ont fusionné pour créer *Die Linke* [La Gauche] en juin 2007).

Les petites formations ne peuvent accéder au *Bundestag* car, pour y être représentés, les partis doivent obtenir soit des sièges directs au SUM1T avec la première voix, soit au moins 5 % des voix au plan national ou 3 sièges directs pour obtenir des sièges au titre de la RP avec la deuxième voix.

La CDU a pu gouverner seule de 1957 à 1961, exceptionnellement elle s'est associée à deux reprises aux socialistes (la Grande Coalition) de 1966 à 1969 (chancelier démocrate-chrétien), puis à partir de novembre 2005 (seconde Grande Coalition, chancelière démocrate-chrétienne), mais elle a – le plus souvent – formé un gouvernement de coalition avec le petit parti libéral (FDP), de 1949 à 1957, de 1961 à 1966 et de 1982 à 1998. Sauf pendant les deux périodes de la Grande Coalition (1966-1969, puis à partir de novembre 2005), les socialistes se sont appuyés sur le FDP (1969-1982), et se sont associés avec les Verts de 1998 à 2005. Le parti libéral a donc presque toujours servi de force d'appoint à l'un des deux grands partis politiques pour former une majorité parlementaire détenant la majorité absolue des sièges, d'où son nom de « *Pendelpartei* » (parti-pendule) ou, plus péjorativement, d'« *Umfallpartei* » (parti-girouette).

Le mode de scrutin mixte (avec dominante de la RP) ne permet pas à un parti politique allemand (sauf la CDU en 1957) d'obtenir la majorité absolue des sièges, mais il favorise la formation de gouvernements de coalition autour d'un parti dominant. Toutefois, aux législatives de septembre 2005, les résultats en sièges ont été si serrés (CDU-CSU : 226 ; SPD : 222) que les démocrates-chrétiens et les socialistes ont dû s'associer pour former une Grande Coalition, l'appoint d'une petite formation (FDP ou Verts) ne permettant à aucun des deux grands partis d'obtenir la majorité absolue des sièges ; au contraire, en 1965, c'est au milieu de la législature qu'avait été formée la (première) Grande Coalition, remplaçant alors l'alliance entre les démocrates-chrétiens et les libéraux (FDP).

En 1969 comme en 2005, la Grande Coalition, forme exceptionnelle de collaboration entre les deux grands partis, est justifiée non seulement par l'arithmétique parlementaire, mais aussi par les difficultés économiques, par l'ampleur des déficits publics, et par la nécessité d'imposer des réformes impopulaires ; l'exercice de cette « démocratie du consensus » est favorisé par le fédéralisme (accords fréquents entre les deux grands partis au sein du *Bundesrat* lors du vote des lois « fédératives »), et par le douloureux souvenir de l'Allemagne de Weimar (l'échec de la coopération entre le socialisme modéré et la bourgeoisie démocratique avait alors précipité le pays dans le nazisme).

Ce bipartisme approché explique la stabilité gouvernementale. Une seule motion de censure « constructive » a été adoptée (le 1er octobre 1982) en raison de la « trahison » du FDP qui s'est associé à la CDU/CSU pour élire (à la majorité des membres du *Bundestag*) Helmut Kohl chancelier à la place d'Helmut Schmidt. Concernant la confiance, elle a bien été refusée trois fois au chancelier, mais sur sa propre demande : en effet, lors du vote, les chanceliers Willy Brandt en 1972, Helmut Kohl (décembre 1982), et Gerhard Schröder (juillet 2005) ont demandé soit aux ministres de voter contre le gouvernement (W. Brandt), soit aux députés de la majorité de s'abstenir (H. Kohl, G. Schröder), afin de ne pas obtenir la confiance et de créer les conditions juridiques permettant au chef de l'État de dissoudre le *Bundestag*.

2) La rationalisation du régime parlementaire

• LA DÉSIGNATION DU CHANCELIER (ART. 63 LF)

Le chancelier fédéral est élu par le *Bundestag*, sur proposition du président de la République fédérale, à la majorité des membres de la chambre.

– ***1er scénario :*** il existe au *Bundestag* une majorité nette. Le *Bundespräsident* a toujours proposé comme chancelier le leader incontesté du parti dominant à l'intérieur de la coalition, et ce dernier a été élu par les députés. Sinon, l'initiative passerait au *Bundestag* qui disposerait de 14 jours après le 1er tour de scrutin pour élire le chancelier à la majorité absolue de ses membres. Le président, s'il ne se conforme pas à la règle de la majorité, perd donc son pouvoir de désignation et le *Bundestag* investit de lui-même la personnalité politique qui apparaît comme étant le chef de la majorité.

– ***2e scénario :*** il n'existe pas au *Bundestag* de majorité nette. Si, après un nouveau tour de scrutin (au-delà du délai de 14 jours), le *Bundestag* ne parvient pas à élire un chancelier à la majorité de ses membres, l'initiative repasse au président. Le chef de l'État a deux possibilités : soit nommer le candidat qui a obtenu le plus de voix au *Bundestag*, soit dissoudre l'assemblée (dissolution sans contreseing). Le président nommera le candidat élu à la majorité relative s'il estime que les partis qui le soutiennent sont capables de former un gouvernement et une majorité homogène.

• LA RÉVOCATION DU CHANCELIER

I. *La motion de censure constructive (ou vote de défiance constructif, « konstruktives Mißtrauensvotum ») (art. 67 LF)*

Le *Bundestag* peut, de sa propre initiative, exprimer sa défiance envers le chancelier fédéral en élisant son successeur à la majorité absolue des députés. Si cette majorité est atteinte, le président doit relever le chancelier de ses fonctions, et nommer le nouveau chancelier élu.

Ce mécanisme juridique est très ingénieux (cf. *supra*, p. 130). Depuis 1949, l'article 67 a été utilisé à deux reprises, contre le chancelier W. Brandt (1972, échec), et contre le chancelier H. Schmidt (1982, succès), H. Kohl, CDU/CSU, étant élu chancelier.

II. *La question de confiance (« Vertrauensfrage ») liée au droit de dissolution (art. 68 LF)*

L'approbation de la question de confiance, posée par le chancelier, suppose qu'elle soit votée par la majorité absolue des députés. Dans le cas contraire, le président peut, sur proposition du chancelier, dissoudre le *Bundestag* dans un délai de 21 jours. Le droit de dissolution s'éteint dès que le *Bundestag* a élu un autre chancelier à la majorité de ses membres. Ici, le chef de l'État dispose d'une certaine liberté pour prononcer ou non la dissolution, bien que la dissolution soit soumise au contreseing ministériel (à la différence de celle prononcée en vertu de l'article 63 LF) : il attendra s'il a l'impression qu'une nouvelle majorité parlementaire est susceptible de se former pour élire un nouveau chancelier ; sinon, il prononcera la dissolution.

Cet article 68 a été détourné de sa finalité par trois chanceliers : W. Brandt en 1972, H. Kohl en 1982 et Gerhard Schröder en 2005, qui ont posé la question de confiance afin de remplir les conditions nécessaires pour demander au président de dissoudre le *Bundestag* (cf. *supra*, p. 149). Dans la mesure où il disposait de la majorité absolue à la chambre, le chancelier a commis ici un véritable détournement de procédure (non reconnu par la Cour constitutionnelle), contraire à l'esprit du parlementarisme allemand ; cependant, il est vrai que W. Brandt ne disposait que d'une très courte majorité en 1972, et que H. Kohl (décembre 1982) entendait faire investir par le peuple la nouvelle coalition gouvernementale CDU/CSU-FDP (H. Kohl élu chancelier en octobre 1982, cf. *supra*, p. 149) ; quant à G. Schröder, il a sollicité un vote de … défiance afin de pouvoir obtenir des législatives anticipées suite au grave échec du SPD aux élections régionales dans son bastion historique de Rhénanie du Nord Westphalie, cinglante défaite électorale qui sanctionnait les réformes économiques et sociales entreprises par le chancelier socialiste : à la différence de W. Brandt et H. Kohl,

G. Schröder fut désavoué par les électeurs lors des législatives (septembre 2005). Dans le cadre de l'article 68, la rationalisation atteint un tel degré de sophistication qu'elle se retourne finalement contre le système allemand : en effet, une telle instrumentalisation de la question de confiance est la marque d'une véritable *Kanzlerkomödie* qui renforce la *Kanzlerdemokratie* (démocratie du chancelier) au détriment de la *Parlamentsdemokratie* (démocratie du Parlement).

Liste des chanceliers

– Konrad Adenauer (CDU, septembre 1949 – octobre 1963)
– Ludwig Erhard (CDU/CSU, octobre 1963 – décembre 1966)
– Kurt Georg Kiesinger (CDU/CSU, décembre 1966 – octobre 1969)
– Willy Brandt (SPD, octobre 1969 – mai 1974)
– Helmut Schmidt (SPD, mai 1974 – octobre 1982)
– Helmut Kohl (CDU/CSU, octobre 1982 – octobre 1998)
– Gerhard Schröder (SPD, octobre 1998 – novembre 2005)
– Angela Merkel (CDU/CSU, novembre 2005 – ...).

b) La prééminence du chancelier

1) La prépondérance du chancelier au sein de l'exécutif

Le chancelier est le chef de l'exécutif. Il choisit ses ministres, peut les révoquer. Il fixe les lignes directrices de la politique et en assume la responsabilité (art. 65 LF). Le chancelier, le plus souvent, a d'ailleurs reçu une véritable investiture populaire. Le chef de gouvernement a presque toujours exercé le pouvoir avec autorité : Konrad Adenauer (1949-1963), W. Brandt (1969-1974), H. Schmidt (1974-1982), H. Kohl (1982-1998). Toutefois, le prestige politique de Ludwig Erhard (1963-1966) et de Gerhard Schröder (durant son premier mandat, 1998-2002) s'est effrité rapidement, avant que ce dernier (G. Schröder) ne soit reconduit à la chancellerie à la suite d'une surprenante victoire aux législatives de septembre 2002 ! Mais surtout, à l'époque de la Grande Coalition de 1966-1969, le chancelier Kurt Georg Kiesinger (CDU/CSU) joua plutôt le rôle d'un « médiateur » entre les 10 ministres CDU/CSU et les 9 ministres SPD ; en revanche, la chancelière Angela Merkel (CDU/CSU) a su allier collégialité et autorité depuis la formation de la nouvelle Grande

Coalition (CDU - CSU + SPD) en novembre 2005. En « vampirisant » une partie de l'électorat socialiste (SPD) et de l'électorat des Verts, « La Gauche » (*Die Linke*) radicale d'Oskar Lafontaine deviendra sans doute la troisième force politique au sein du *Bundestag* à la suite des législatives de 2009, ce qui rendra encore plus complexe la formation des coalitions, au point d'inciter peut-être la CDU-CSU et le SPD à reconduire l'expérience de la Grande Coalition !

Face au chancelier, le *Bundespräsident* dispose de faibles pouvoirs (réaction du constituant de 1949 contre la République de Weimar). Sa légitimité est faible, puisqu'il est élu pour un mandat de cinq ans (renouvelable une seule fois) par le *Bundesversammlung*, assemblée de 1 228 membres actuellement comprenant les 614 membres du *Bundestag* et un nombre égal de délégués élus à la RP par chacune des *Diètes* locales. Le président est politiquement irresponsable et tous ses actes sont soumis à contreseing, sauf la nomination et la révocation du chancelier, et la dissolution dans le cadre de l'article 63 LF. Le président possède les pouvoirs traditionnels d'un chef d'État parlementaire. Toutefois, en l'absence de majorité nette au *Bundestag*, il serait amené à jouer un rôle important pour prononcer ou non la dissolution, dans le cadre des articles 63 et 68 LF. Enfin, à l'exemple de l'actuel président Horst Köhler, il exerce une véritable magistrature d'influence.

2) La prépondérance du chancelier à l'égard du Parlement

La prépondérance du chancelier à l'égard des chambres est liée, en partie, au parlementarisme majoritaire : le chancelier bénéficie à la fois de la durée et des moyens législatifs et budgétaires qu'il estime nécessaires pour gouverner. D'ailleurs, ses pouvoirs sont importants en matière législative et budgétaire. Ainsi, par exemple, depuis 1949, 80 % des lois promulguées l'ont été à l'initiative du chancelier (projets de loi), 18 % à l'initiative du *Bundestag* et seulement 2 % à l'initiative du *Bundesrat* (propositions de loi).

Au sein du Parlement, le *Bundestag* est prédominant : lui seul élit le chancelier, peut voter une motion de censure et refuser la confiance. En matière législative, l'opposition du *Bundesrat* peut être surmontée par le *Bundestag* à une majorité qualifiée ; cependant, pour les lois « fédératives », à savoir celles qui touchent plus ou moins directement aux intérêts des *Länder,* la chambre basse ne peut pas vaincre l'opposition du *Bundesrat* qui dispose ici d'un véritable droit de veto : or, les *Zustimmungsgesetze* (lois fédératives) sont en déclin depuis la révision constitutionnelle du 28 août 2006 car elles ne représentent plus que 25 % des textes (contre 60 % auparavant), ce qui limite les risques de blocage politique lorsque les deux chambres sont de majorité opposée ; en compensation les *Länder* ont obtenu de nouvelles compétences dans un certain nombre de domaines (éducation, recherche, environnement, régime pénitentiaire, traitements des fonctionnaires qui seraient payés différemment selon les *Länder*).

Les régimes de confusion des pouvoirs

CHAPITRE 7

Contraires aux enseignements de Montesquieu, les régimes de confusion des pouvoirs se caractérisent par une concentration des pouvoirs au profit du Parlement (régime d'assemblée ou conventionnel) ou au profit de l'exécutif (régime autoritaire de type dictatorial). À la différence du régime autoritaire, le régime d'assemblée peut être libéral et démocratique (exemple de la Suisse). Le régime d'assemblée demeure une « curiosité » constitutionnelle, tandis que les régimes autoritaires ont proliféré, bien que la démocratie occidentale semble partie à la conquête du monde depuis une vingtaine d'années.

Les régimes de confusion des pouvoirs sont, par définition, contraires aux préceptes posés par Montesquieu, que la confusion des pouvoirs soit organisée au profit du Parlement (régime d'assemblée) ou de l'exécutif (régime autoritaire). Toutefois, le régime d'assemblée, tout du moins tel qu'il est pratiqué en Suisse, peut être libéral et, de surcroît, démocratique.

1 Le régime d'assemblée (ou conventionnel)

Le régime d'assemblée se caractérise par la subordination de l'exécutif au législatif. Le Parlement est monocaméral, sauf dans le cadre du fédéralisme. L'assemblée désigne l'exécutif, peut le révoquer, mais ne risque pas d'être dissoute par lui ; elle peut même annuler les décisions prises par l'exécutif. Certains auteurs exigent un critère supplémentaire : l'impossibilité pour le gouvernement de démissionner (Suisse), la menace de la démission constituant un moyen de pression de l'exécutif sur le législatif.

Le régime d'assemblée en France

a) La Constitution montagnarde du 24 juin 1793 (an I)

La Constitution de l'an I ne fut jamais appliquée ; en raison du péril extérieur, le « gouvernement » sera déclaré révolutionnaire par la Convention le 10 octobre 1793. La Constitution montagnarde a cependant joué un rôle important : elle traduit l'allégorie révolutionnaire et a toujours gardé un grand prestige, notamment auprès de la gauche française et des pays marxistes.

Cette Constitution est très démocratique, car elle instaure le suffrage universel et prévoit le référendum. Elle réalise une très forte concentration des pouvoirs au profit du Corps législatif, qui exerce à la fois la fonction législative et la fonction exécutive. L'organisation des pouvoirs est pyramidale. À partir d'une liste de 85 noms (un par département) présentés par les électeurs, la chambre unique élit un Conseil exécutif de 24 membres. Ce Conseil, tout en ayant sous son autorité des ministres qu'il nomme et révoque, constitue plutôt un organe de gestion administrative. En effet, il ne participe pas à l'élaboration des lois ; de plus, s'ils ont accès aux séances de l'assemblée, les conseillers ne peuvent y prendre la parole que lorsqu'ils ont « des comptes à rendre ». Le Conseil exécutif est un véritable organe commis, étroitement subordonné à l'assemblée, et dénué de volonté propre.

b) Le projet de Constitution du 19 avril 1946

Le premier projet de Constitution de 1946 est l'œuvre de l'Assemblée nationale, législative et constituante, élue en 1945. Ce projet a été récusé par le peuple (référendum du 5 mai 1946).

Le projet traduit les thèses du PCF et de la SFIO (parti socialiste), favorables au régime d'assemblée et au monocaméralisme. Le texte « simule » l'instauration d'un régime parlementaire, sous lequel « se dissimule » un régime d'assemblée.

1) La domination de l'Assemblée nationale sur le gouvernement

• UNE CHAMBRE UNIQUE ET SOUVERAINE

Le Parlement est monocaméral, le Conseil de l'Union française et le Conseil économique n'étant que des organes consultatifs, et l'Assemblée nationale possédant la plénitude de la compétence législative. Le constituant de gauche, conformément à la mystique révolutionnaire, montre sa volonté de ne pas affaiblir le pouvoir législatif en le divisant en deux chambres.

Cette chambre est l'expression même de la souveraineté populaire. L'exécutif procède de l'Assemblée nationale, laquelle incarne la souveraineté au point de pouvoir prononcer son auto-dissolution.

• L'EXÉCUTIF, ÉMANATION DE L'ASSEMBLÉE NATIONALE

Le président de la République, dont la suppression a même été un moment envisagée, est élu par l'Assemblée nationale, et jouit donc d'une très faible légitimité.

Le président du Conseil est également issu de la chambre. Après les consultations d'usage, le chef de l'État communique à l'Assemblée nationale les noms des candidats à la présidence du Conseil des ministres. Le président du Conseil est élu au début de chaque législature ou, en cas de vacance, en cours de législature par l'Assemblée nationale à la majorité absolue des députés. Puis, le président du Conseil et les ministres qu'il a choisis sont nommés par le chef de l'État. Ensuite, la composition du gouvernement et son programme doivent être soumis (au plus tard 4 jours après la constitution du gouvernement) à l'Assemblée nationale pour un vote d'investiture à la majorité des suffrages exprimés.

2) La mise en jeu de la responsabilité politique d'un gouvernement inféodé à l'Assemblée nationale

L'assemblée peut renverser le gouvernement, soit en lui refusant la confiance à la majorité absolue des députés, soit en adoptant une motion de censure à la même majorité (laquelle est difficile à atteindre). La question de confiance ne peut être posée que par le chef du gouvernement, le vote a lieu au scrutin public et après un délai de réflexion d'un jour franc. Le vote de la motion de censure obéit à des règles identiques (sauf le délai de réflexion porté à deux jours francs).

Apparemment, le constituant a entendu protéger le gouvernement contre l'assemblée en prévoyant des mécanismes de rationalisation du régime parlementaire. En réalité, les auteurs du projet ont eu pour seul souci d'éviter les votes de surprise. Élu par l'Assemblée nationale, le président du Conseil est investi d'un mandat pour exécuter le programme approuvé par la chambre : en principe, ce mandat doit valoir pour toute la durée de la législature. Évidemment, la chambre peut toujours révoquer le gouvernement mais seulement de façon exceptionnelle, le cabinet étant en effet soumis et inféodé à l'Assemblée nationale.

3) La subordination constitutionnelle de l'exécutif à l'Assemblée nationale

• UN EXÉCUTIF COMMIS

Le président, politiquement irresponsable, et dont tous les actes sont soumis au contreseing ministériel, ne possède que des pouvoirs honorifiques. Le chef de l'État ne contribue même plus à résoudre les crises ministérielles, puisque son rôle se borne désormais à transmettre à la chambre la liste des candidats à la présidence du Conseil.

Apparemment, le président du Conseil est le chef de l'exécutif. En réalité, il devient le commis de l'Assemblée nationale. L'action du gouvernement est soumise à un contrôle permanent de la chambre. De plus, la dissolution de l'Assemblée nationale entraîne non seulement la disparition du gouvernement qui la décide, mais le président du Conseil ne pourra même pas expédier les affaires courantes : en effet, c'est le président de l'Assemblée nationale qui, en cas de dissolution, exercera la fonction de chef du gouvernement, après avoir composé le cabinet en assignant les divers départements ministériels aux présidents des commissions parlementaires correspondantes.

• UN DROIT DE DISSOLUTION DÉTOURNÉ DE SA FINALITÉ

La dissolution est prévue dans deux cas. En premier lieu, à l'initiative de l'Assemblée nationale, qui peut prononcer elle-même sa dissolution par une résolution adoptée à la majorité des deux tiers des députés : l'assemblée décide de rendre la parole au peuple, après avoir constaté son impuissance à légiférer. En second lieu, à l'initiative du gouvernement, mais le droit de dissolution est juridiquement très encadré ; le gouvernement (qui décide la dissolution prononcée par le président de la République) ne peut pas dissoudre l'Assemblée nationale pendant la première moitié de la législature (2 ans et demi sur 5 ans) ; de plus, il faut qu'au cours d'une même session annuelle, un gouvernement soit deux fois renversé juridiquement (rejet de la confiance ou adoption de la censure à la majorité des membres de l'assemblée) ; mais surtout, la dissolution entraîne simultanément la disparition du gouvernement qui en est l'auteur.

Dans ces conditions, la dissolution change complètement de signification : ce n'est plus un moyen de pression du gouvernement sur l'assemblée, mais un procédé pour remédier à une instabilité gouvernementale chronique. Le gouvernement demande au peuple d'élire une nouvelle chambre, en espérant qu'une majorité homogène sortira des urnes.

c) Les régimes transitoires

Malgré l'inapplication de la Constitution de l'an I et l'échec du projet de 1946, le régime d'assemblée a été pratiqué en France, et en l'absence de textes, pendant des périodes brèves, exceptionnelles, de transition, alors que le pays était en quête de nouvelles institutions.

À partir de septembre 1792 (cf. *supra*, p. 101), la Convention exerce tous les pouvoirs jusqu'au 31 mai 1793, date à laquelle le Comité de salut public – créé le 6 avril 1793 – est investi des plus larges pouvoirs, et exerce une véritable dictature.

De même, la France a fait l'expérience du régime d'assemblée après la Révolution de février 1848, jusqu'à la mise en place des institutions de la Seconde République (novembre 1848) ; pareillement, de 1871 à 1875, pendant la difficile genèse des institutions de la IIIe République, et enfin en 1945-1946, jusqu'à l'entrée en vigueur des institutions de la IVe République.

Le régime d'assemblée illustré par un exemple étranger : la Suisse

La Suisse est le seul exemple contemporain qui puisse être donné du régime d'assemblée (Constitution du 29 mai 1874, remplacée par celle du 18 avril 1999), l'Uruguay ayant finalement renoncé à un tel régime après une courte expérience (1951-1966) inspirée du modèle helvétique. Certes, les États marxistes, l'URSS et les démocraties populaires hier, la Chine, le Vietnam, la Corée du Nord et Cuba aujourd'hui, se réclament du régime d'assemblée. Ainsi, pour l'URSS, la confusion des pouvoirs devait profiter au Soviet Suprême bicaméral (le Soviet des nationalités et le Soviet de l'Union). En réalité, toutes les institutions de l'État, Soviet Suprême, Présidium du Soviet Suprême, Conseil des Ministres étaient subordonnées au parti communiste, et plus précisément au Comité central du PCUS. La confusion des pouvoirs bénéficiait au Comité central, ou plutôt au Secrétariat général du PCUS, dont le leader, le Secrétaire général, le chef du parti, exerçait l'essentiel du pouvoir. Dans tous les États marxistes, la dictature du prolétariat a fait place à la dictature d'un homme.

a) La suprématie du législatif

L'Assemblée fédérale se compose de deux chambres, le Conseil national qui représente le peuple et le Conseil des États qui représente les cantons.

L'exécutif émane de l'Assemblée fédérale qui élit (à la majorité absolue) le Conseil fédéral (le gouvernement) pour une durée de 4 ans, et – parmi les membres du gouvernement – le président de la Confédération helvétique pour un mandat d'un an.

L'Assemblée fédérale peut adresser au gouvernement des « interpellations », des « postulats » et des « motions », dans le but d'infléchir sa politique en l'invitant, par exemple, à préparer un projet de loi. En cas de conflit entre le législatif et l'exécutif, les chambres peuvent manifester leur défiance au Conseil, à la suite d'une interpellation : dans cette hypothèse, le gouvernement ne démissionne pas, mais il a l'obligation de modifier sa politique dans le sens indiqué par le Parlement. Si le gouvernement refuse d'obtempérer, l'Assemblée fédérale le ramène à la raison, notamment en lui refusant les crédits budgétaires et en rejetant les projets de loi déposés par le Conseil.

b) Un exécutif commis

Le président suisse, élu par l'Assemblée fédérale (cf. *supra*) pour un mandat très bref (1 an), ne dispose que de pouvoirs honorifiques, et ne jouit pas d'une autorité particulière sur ses collègues du gouvernement. Les 7 membres du Conseil fédéral exercent collégialement l'autorité gouvernementale : ils sont égaux entre eux et la fonction de Premier ministre n'existe pas. Le gouvernement est inféodé au Parlement, comme le montrent les moyens de pression sur le Conseil dont dispose l'Assemblée fédérale. En revanche, le gouvernement ne possède aucun moyen de pression sur le Parlement : il ne peut ni dissoudre les chambres, ni leur poser la question de confiance, ni même démissionner. Toutefois, concurremment avec les parlementaires, le gouvernement a le droit d'initiative des lois ; de plus, il donne son avis sur les propositions de loi qui lui sont adressées par les assemblées ; de surcroît, les membres du gouvernement ont accès aux chambres et participent à leurs débats ; enfin, depuis 1999, le gouvernement peut convoquer les assemblées en sessions spéciales. En réalité, le Conseil fédéral jouit d'une certaine autorité, même face à l'Assemblée fédérale. Élus pour 4 ans, les conseillers fédéraux sont souvent réélus et – en moyenne – restent 12 ans en fonction, et parfois plus de 30 ans ! Le gouvernement bénéficie d'une certaine liberté d'action, d'autant plus que le Parlement ne siège que 3 mois par an en moyenne. Le Conseil fédéral dispose à la fois de la durée et de la compétence technique.

Il donne souvent l'impression d'être une équipe professionnelle face à une équipe d'amateurs (les parlementaires). Ce régime d'assemblée, en pratique, est comparable à un gouvernement directorial, sorte de conseil d'administration de la SARL helvétique. Cependant, l'essentiel du régime d'assemblée subsiste : en cas de conflit entre l'exécutif et le législatif, c'est toujours le Conseil fédéral qui s'incline.

Plusieurs raisons expliquent le bon fonctionnement du régime d'assemblée en Suisse : l'ancienneté des traditions démocratiques dans la Confédération helvétique, le consensus sur les fondements libéraux de la société, le rôle du référendum pour résoudre les questions politiques et sociétales, la neutralité internationale de la Suisse qui exclut les divergences sur les problèmes de politique étrangère (à l'exception des désaccords sur une éventuelle entrée dans l'Union européenne). En définitive, un tel régime semble difficilement exportable.

2 Les régimes autoritaires (de type dictatorial)

Les régimes autoritaires ne sont, par définition, ni démocratiques, ni libéraux. L'étude des régimes autoritaires, intéressante sous l'angle de l'histoire et de la science politique, présente un faible intérêt au plan juridique.

Dans un régime dictatorial, l'exécutif est le bénéficiaire de la confusion des pouvoirs, les droits individuels et les libertés publiques sont bafoués, les droits de l'opposition (si elle est tolérée) ne sont pas respectés, et l'alternance au pouvoir est contraire à la nature même du régime.

Les régimes autoritaires et la France

En France, la dictature de l'exécutif est symbolisée par la monarchie absolue sous l'Ancien Régime. Depuis la Révolution de 1789, la dictature s'est manifestée en d'autres circonstances.

a) La dictature du Comité de salut public (juin 1793 - juillet 1794)

À partir du 31 mai 1793, après la chute des Girondins, le Comité de salut public (composé de 12, puis de 9 membres) est investi de larges pouvoirs, qui seront renforcés par les décrets des 10 octobre et 4 décembre 1793. Le Comité de salut public était chargé, sous le contrôle de l'assemblée, d'animer l'action du Conseil exécutif ; ce dernier, qui disparaît le 1er avril 1794, est remplacé par 12 commissions administratives dont les membres seront les agents exécutifs du Comité de salut public. En réalité, dès le 31 mai 1793, le pouvoir politique passe de la Convention au Comité de salut public, ou plutôt du Comité à Robespierre qui, assisté de Saint-Just et de Couthon, exerce le régime connu sous le nom de « Terreur ». Le péril extérieur ayant disparu, la Convention en termine avec la Terreur en faisant guillotiner Robespierre et ses amis, et en mettant un terme à la toute-puissance du Comité de salut public.

b) La dictature napoléonienne (1799-1814)

Après avoir été le « sabre » de Sieyès lors du coup d'État du 18 brumaire an VIII, Napoléon Bonaparte devient le maître du jeu politique et, principalement assisté de Sieyès, rédige et fait approuver par le peuple la Constitution du 22 frimaire an VIII (13 décembre 1799), qui instaure le Consulat : le pouvoir exécutif est confié à trois consuls, nommés pour 10 ans (Bonaparte et Cambacérès) ou 5 ans (Lebrun) et rééligibles. Bonaparte, qui s'est autoproclamé Premier consul, est assisté par les deux autres consuls qui n'ont que voix consultative ; il nomme et révoque librement les ministres, et il monopolise la totalité du pouvoir gouvernemental tout en étant politiquement irresponsable ; il possède le droit d'initiative en matière législative et constitutionnelle. En fait, Bonaparte détient la réalité du pouvoir et exerce une véritable dictature, tandis que les assemblées – dotées de pouvoirs très réduits – sont domestiquées (le Tribunat, le Corps législatif et le Sénat).

Le Sénatus-consulte du 14 thermidor de l'an X (2 août 1802) nomme Bonaparte consul à vie, et l'Empire est instauré par le Sénatus-consulte du 28 floréal an XII (18 mai 1804). Napoléon Bonaparte, consul, puis consul à vie, et enfin empereur, essaie de maintenir une façade démocratique grâce au suffrage universel, alors que les libertés et les droits individuels sont bafoués. Mais les référendums se transforment en plébiscites, et les élections ne servent à rien ; les électeurs, au moyen d'un suffrage indirect à trois degrés, établissent une liste de citoyens, liste dans laquelle les autorités peuvent choisir les titulaires des fonctions publiques.

La dictature de Napoléon ne peut survivre à la défaite militaire et prend fin le 4 avril 1814. Pendant l'épopée des « Cent jours » (mars-juin 1815), Benjamin Constant, à la demande de Napoléon, rédigera (en s'inspirant de la Charte de 1814) l'Acte additionnel aux Constitutions de l'Empire du 22 avril 1815. Après la défaite subie par Napoléon à Waterloo le 18 juin 1815, Louis XVIII rentre à Paris le 8 juillet 1815 et remet en vigueur la Charte du 4 juin 1814.

c) Le Second Empire (1852-1870)

La Constitution du 14 janvier 1852 est rédigée à la suite du coup d'État du 2 décembre 1851, perpétré par le prince-président Louis-Napoléon Bonaparte. Le président détient la réalité du pouvoir alors que les chambres sont asservies. Le Sénatus-consulte du 7 novembre 1852 rétablit l'Empire.

Une véritable dictature impériale est exercée par Napoléon III, qui « gouverne au moyen de ses ministres, du Conseil d'État, du Sénat et du Corps législatif », (art. 2 C). L'empereur, qui renoue avec la tradition bonapartiste du plébiscite, n'est responsable que devant le peuple. Napoléon III dispose seul du pouvoir exécutif, nomme et révoque les ministres, qui ne sont responsables que devant lui. L'empereur détient également l'essentiel du pouvoir législatif : il possède seul l'initiative des lois, qu'il sanctionne et promulgue. Les sénateurs sont soumis à l'empereur, qui les a nommés. Les membres du Corps législatif sont certes élus au suffrage universel direct mais l'électorat est manipulé par le pouvoir (système de la candidature officielle, pressions sur les électeurs, etc.). Le Corps législatif – qui peut d'ailleurs être dissous par l'empereur – a pour seule compétence la discussion et le vote de la loi, le droit d'amendement dont disposent les députés étant illusoire (l'amendement, pour être recevable, doit être préalablement adopté par le Conseil d'État). À partir de 1860, l'Empire autoritaire fait progressivement place à l'Empire libéral et la Constitution du 21 mai 1870, préparée par Émile Ollivier, consacre l'évolution parlementaire du régime. Mais la défaite militaire de Sedan le 2 septembre 1870 provoque, le 4 septembre, l'effondrement du Second Empire.

d) Le Régime de Vichy (1940-1944)

À la suite de la défaite militaire de mai-juin 1940, la majorité des membres du Cabinet Paul Reynaud exigent un armistice immédiat. Paul Reynaud démissionne et son successeur Philippe Pétain (16 juin 1940) demande et obtient l'armistice le 22 juin. Le 10 juillet 1940, la Chambre des Députés et le Sénat adoptent une loi constitutionnelle qui investit le maréchal Pétain du pouvoir constituant (Actes constitutionnels du 11 juillet 1940). La période 1940-1944 se caractérise donc par une dictature exercée par Philippe Pétain, chef de l'« État français ». À partir du 18 avril 1942 est créé un poste de chef de gouvernement, occupé par Pierre Laval qui supplante peu à peu Philippe Pétain. Le maréchal Pétain élaborera un projet de Constitution particulièrement réactionnaire, même si, sur certains points, le texte est annonciateur de la Ve République. Le Régime de

Vichy, antidémocratique, et particulièrement odieux, notamment par son antisémitisme, s'effondrera en août 1944, à la suite de la libération de Paris. Vassal de l'Allemagne, cet État français sera frappé « d'inexistence » à la Libération, sauf pour les actes qui « n'eussent pas été désavoués par le régime républicain ». La IIIe République, « touchée à mort le 10 juillet 1940 », sera « enterrée » par le référendum du 21 octobre 1945.

Le recul des régimes autoritaires dans le monde

L'idéologie (le marxisme-léninisme et le fascisme) et la religion (l'islam) servent de fondement à la dictature et au totalitarisme, dans les États communistes, fascistes et théocratiques. Toutefois, en Amérique latine et en Afrique noire, la dictature s'est développée sans référence doctrinale ou religieuse, même si certains chefs d'État africains ont invoqué le marxisme pour justifier leur despotisme (Bénin, Mozambique, Guinée, Éthiopie).

La dictature et le totalitarisme sont aujourd'hui en déclin et la démocratie occidentale semble partir à la conquête du monde.

Ainsi, après l'effondrement de l'Allemagne nazie et de l'Italie fasciste (1945), les deux derniers régimes fascistes se sont écroulés, au Portugal lors de la « Révolution des œuillets » de 1974, en Espagne à la suite de la mort du général Franco en 1975.

À partir du début des années 1980, le présidentialisme se démocratise dans de nombreux pays d'Amérique latine : en Argentine (1983), en Uruguay (1983), au Brésil (1985), au Paraguay (1989), au Chili (1989), au Mexique (2000), au Pérou (2001). De même, en Asie, des régimes autoritaires s'ouvrent à la démocratie : les Philippines (1986), la Corée du Sud et Taïwan en 1987.

Mais surtout, la fin du XXe siècle a connu une « exportation » sans précédent du « constitutionnalisme moderne » d'origine occidentale vers les pays de l'ex-bloc soviétique et vers les pays en voie de développement. Les totalitarismes et les dictatures ont fait place à des régimes constitutionnels qui proclament leur adhésion aux valeurs universalistes de l'État de droit démocratique : organisation d'élections disputées, multipartisme, séparation des pouvoirs, respect des droits de l'homme, primauté du droit garantie par la création de juridictions constitutionnelles exerçant un contrôle de la constitutionnalité des lois.

Ainsi, en 1989-1990, le marxisme-léninisme s'effondre, sauf en Asie (Chine, Vietnam, Corée du Nord) et à Cuba : en choisissant « l'économie de marché socialiste » le Vietnam et surtout la Chine – qui a organisé les Jeux Olympiques de 2008 – évoluent timidement vers la démocratie, la Chine de Hu Jintao (homme fort du régime en qualité de secrétaire général du Parti Communiste Chinois [PCC] élu en novembre 2002 puis réélu en octobre 2007 pour un second quinquennat à la tête du PCC, président de la République pour un mandat de cinq ans depuis mars 2003, et chef de la commission militaire depuis septembre 2004) et de Wen Jiabao (Premier ministre depuis mars 2003), dirigeants de la « 4e génération » (après la première [celle de Mao Tsé-Toung au Mao Zedong], la deuxième [celle de Deng Xiaoping], et la troisième [celle de Jiang Zemin]).

À l'exception de la Moldavie (régime parlementaire), les 11 États membres de la CEI, dont la Russie, ont mis en place des régimes mixtes, de type présidentialiste, à vocation démocratique : toutefois, la démocratie régresse actuellement en Russie, comme le montre l'érosion des libertés publiques surtout depuis 2004 (contrôles exercés sur les médias, inéquité des campagnes électorales, élection présidentielle du 2 mars 2008 « ni libre, ni juste » selon les observations de l'Assemblée parlementaire du Conseil de l'Europe, etc.), et de fortes tendances autoritaires subsistent dans la plupart des États de la CEI, notamment au Bélarus, en Moldavie, dans le Caucase (Azerbaïdjan,...), dans l'Asie centrale (Kazakhstan, Tadjikistan, Turkmenistan...) ; néanmoins, après avoir innervé l'Arménie, la démocratie s'est implantée, durant l'année 2005 en Ukraine, en Géorgie, et au Kirghizistan, malgré une certaine régression en 2007 (sauf en Ukraine). En revanche, la démocratie s'est imposée plus facilement dans les États baltes et dans les anciennes démocraties populaires, qui ont – de surcroît – établi des régimes parlementaires généralement rationalisés : ces 17 États de l'Europe centrale, orientale et balte sont pour la plupart d'ores et déjà des modèles de démocratie.

De même en Afrique noire, où la dictature était la règle et la démocratie l'exception (comme au Sénégal), le présidentialisme se démocratise, et la plupart des chefs d'État ont renoncé au système du parti unique. Cette démocratisation des régimes africains est certes d'intensité variable, mais quelques pays sont devenus, semble-t-il, d'authentiques démocraties (Mali, Niger, Ghana, Bénin, Burkina Faso, Madagascar, Botswana...), alors que le recul de l'autoritarisme reste limité dans d'autres pays (Cameroun, Gabon, Côte d'Ivoire, Togo [qui évolue lentement vers la démocratie : formation d'un gouvernement d'union nationale en septembre 2006, et élections législatives d'octobre 2007 non entachées de fraudes], etc.). Enfin, sauf exceptions (régimes démocratiques en Turquie, en Israël, et même au Liban [où la démocratie risque d'être déstabilisée par la présence des « armes du Hezbollah », comme le montre le « coup de force » de mai 2008]), l'effort de démocratisation reste faible dans les États du Proche et Moyen-Orient, de même que dans les États du Maghreb.

Le déclin des régimes autoritaires a été favorisé par plusieurs facteurs : l'attrait des peuples du monde entier pour la prospérité économique des démocraties occidentales, l'effondrement du marxisme-léninisme, la fin de la guerre froide et de la politique des Blocs, et les pressions exercées par les pays occidentaux, tout particulièrement par les États-Unis depuis le président Jimmy Carter (1977-1981), et par la France, surtout depuis le sommet franco-africain de La Baule en juin 1990, « La liberté, ce sera votre meilleure amie » (François Mitterrand).

Les régimes mixtes

Chapitre 8

Depuis un demi-siècle environ, sont élaborées des Constitutions qui empruntent à la fois au régime présidentiel et au régime parlementaire. En marge des catégories traditionnelles, deux nouveaux types de régimes, mixtes, seraient apparus : le régime présidentialiste, et le régime semi-présidentiel. Le régime présidentialiste, avec notamment un président élu au suffrage universel direct, chef de l'exécutif, et avec l'existence de moyens de pression souvent réciproque, correspond à une réalité, même si le présidentialisme présente les formes les plus diverses. En revanche, le régime semi-présidentiel est une « coquille vide », qui témoigne peut-être du goût des constitutionnalistes pour la symétrie.

Introduction : *La relativité de la classification traditionnelle des régimes politiques*

La classification traditionnelle des régimes politiques (régimes présidentiel, parlementaire, d'assemblée, autoritaire) ne permet pas de qualifier les régimes pratiqués par un certain nombre de pays qui empruntent des éléments au régime présidentiel et au régime parlementaire.

Ces nouveaux régimes, « mixtes », se diviseraient en deux catégories : le régime « présidentialiste » et le régime « semi-présidentiel ». Ces régimes hybrides sont apparus assez récemment. Le présidentialisme, sauf en Amérique latine, se manifeste depuis moins d'un demi-siècle : depuis environ 48 ans en France (pratique présidentialiste des institutions de la Ve République, sauf en période de cohabitation) et dans les pays d'Afrique noire, depuis plus de 15 ans dans les pays nés de la désintégration de l'URSS (hormis les 3 États baltes [Estonie, Lettonie, Lituanie] et la Moldavie qui ont choisi le parlementarisme).

Le régime semi-présidentiel, à condition qu'il existe, serait également apparu assez récemment : en Finlande (C, 1919, puis nouvelle Constitution de 1999), en Autriche (réforme constitutionnelle de 1929), en Irlande (C, 1937), en Islande (C, 1944) et au Portugal (C, 1976).

1 Les présidentialismes

Le présidentialisme emprunte au régime présidentiel l'élection au suffrage universel direct d'un président chef de l'exécutif, et au régime parlementaire la présence de moyens de pression souvent réciproque. En vérité, ce régime n'est ni à moitié présidentiel, ni semi-parlementaire, il est spécifique. C'est un régime où, situé au sommet de la pyramide, le président (assisté ou non d'un Premier ministre [simple collaborateur]) concentre entre ses mains (démocratiquement ou non) l'essentiel du pouvoir « en raison de son mode d'élection au suffrage universel direct et de la disposition d'une majorité parlementaire » (J. Gicquel), alors qu'existent (en grand nombre ou en petit nombre) des mécanismes de collaboration entre le pouvoir exécutif et le pouvoir législatif.

Le présidentialisme est donc polymorphe : il est une dégénérescence du régime parlementaire en France, dans les États post-communistes et en Afrique. Au contraire, le présidentialisme est une dégénérescence du régime présidentiel dans les pays d'Amérique latine.

L'exécutif est dualiste dans plusieurs pays qui pratiquent le régime présidentialiste : la France, 10 des 11 États de la CEI, la plupart des pays d'Afrique. Dans d'autres pays, au contraire, l'exécutif est moniste : les États d'Amérique latine, et quelques pays africains.

Enfin, le présidentialisme est démocratique en France, dans quelques pays africains, dans la plupart des pays d'Amérique latine, cependant que les États de la CEI s'efforcent, avec difficultés, de donner des gages de démocratie aux pays occidentaux et au Fonds monétaire international. Au contraire, dans d'autres États, le présidentialisme est plus ou moins autoritaire et non démocratique, dans quelques pays d'Amérique latine, et dans la plupart des pays africains.

La France : la pratique présidentialiste des institutions de la Ve République

La Constitution de 1958 a instauré un régime parlementaire rationalisé, avec un président arbitre et un Premier ministre chef de l'exécutif. Dès janvier 1959, à l'instigation du général de Gaulle, le régime a connu une dérive présidentialiste. Le chef de l'État gouvernait dans un « domaine réservé » (diplomatie, défense nationale, affaire algérienne) et le Premier ministre, Michel Debré, dans les autres secteurs (séparation horizontale des pouvoirs). À partir du 14 avril 1962 (démission-révocation de M. Debré et formation du gouvernement Pompidou), la séparation horizontale n'existe plus, le président décidant en toutes matières. La séparation horizontale des pouvoirs fait place à une séparation verticale, le Premier ministre n'étant plus que le premier collaborateur du chef de l'État et le principal exécutant de la politique présidentielle. Le présidentialisme est renforcé par la révision constitutionnelle du 6 novembre 1962 qui instaure l'élection du chef de l'État au suffrage universel direct, et par les élections législatives anticipées de novembre 1962 qui sont à l'origine du fait majoritaire.

Bien que contraire aux articles 20, al. 1er C et 21, al. 1er C qui font du Premier ministre le chef de l'exécutif (régime parlementaire), le présidentialisme est « confirmé » sous la présidence Pompidou (juin 1969 - avril 1974) ; puis, il est « menacé » sous la présidence Giscard d'Estaing (mai 1974 - mai 1981), « renforcé » (mai 1981 - mars 1986) sous la présidence Mitterrand I, « restauré » (mai 1988 - mai 1993) par Mitterrand II après la cohabitation I, « rétabli » (mai 1995 - juin 1997) sous la présidence Chirac I après la cohabitation II, « régénéré » sous la présidence Chirac II après les élections présidentielle et législatives du printemps 2002 qui ont mis un terme à la cohabitation III, et enfin « triomphalement consacré » sous la présidence Sarkozy à partir de mai 2007.

Cette pratique présidentialiste du régime suppose que le président dispose d'une majorité parlementaire qui lui soit favorable. La dissociation de la majorité parlementaire et de la majorité présidentielle oblige le chef de l'État à nommer un Premier ministre appartenant à la nouvelle majorité parlementaire, qui lui est politiquement hostile. La cohabitation, imposée au président à trois reprises, contraint le chef de l'État à se cantonner dans une fonction d'arbitre, conformément à la Constitution. La face parlementaire du régime resurgit alors, comme ce fut le cas de mars 1986 à mai 1988 (cohabitation I, F. Mitterrand I président, et Jacques Chirac Premier ministre), de mars 1993 à mai 1995 (cohabitation II, F. Mitterrand II président, et Édouard Balladur Premier ministre), et de juin 1997 à mai 2002 (cohabitation III, J. Chirac I président, et Lionel Jospin Premier ministre).

Pour l'avenir, l'instauration du quinquennat (LC du 2 octobre 2000), la quasi-simultanéité de l'élection présidentielle et des législatives (cf. la LO du 15 mai 2001 sur l'inversion de l'échéancier électoral, présidentielle en avril-mai puis [désormais] législatives en juin), et l'apparition du bipartisme (législatives des 9 et 16 juin 2002, législatives des 10 et 17 juin 2007, cf. *supra*, p. 71 devraient assurer la pérennité du présidentialisme aux dépens de la cohabitation.

(Sur la pratique présidentialiste du régime, voir notre ouvrage : *L'essentiel du Droit constitutionnel. t. 2 – Les institutions de la Ve République,* Gualino éditeur, 8e éd., 2008, cf. not. p. 51 et s.).

■ *La Fédération de Russie et le présidentialisme (Constitution du 12 décembre 1993)*

À la suite de l'épreuve de force qui a opposé Boris Eltsine au Parlement (septembre-octobre 1993), le président russe impose le projet de Constitution dont il était l'auteur, et qui avait été approuvé le 12 juillet 1993 par le Conseil de la Fédération. Le projet Eltsine s'inspirait fortement de la pratique présidentialiste française, alors que le projet du Parlement instaurait un régime présidentiel, avec un Parlement disposant de la plénitude du pouvoir législatif, et qui ne pouvait pas être dissous.

a) Le président de la Fédération de Russie, chef de l'exécutif

Le président est élu au suffrage universel direct. La candidature, pour être recevable, doit recueillir un million de signatures d'électeurs sans que plus de 700 000 émanent d'un même territoire d'un « sujet » de la Fédération. L'élection a lieu au scrutin uninominal majoritaire à deux tours ; si aucun candidat n'obtient la majorité absolue à l'issue du 1er tour, un second tour est organisé 15 jours plus tard : seuls peuvent s'y présenter les deux candidats arrivés en tête au 1er tour. Ces dispositions constitutionnelles (qui rappellent en partie l'article 7 C, 1958, France) confèrent au président russe une forte légitimité. Le mandat est de 4 ans, renouvelable une seule fois. En cas d'empêchement (temporaire ou définitif) ou de démission, l'intérim est exercé par le chef du gouvernement. Une nouvelle élection est organisée dans un délai de 3 mois, pour empêchement définitif ou démission. Ainsi, après la démission du président Eltsine le 31 décembre 1999, l'intérim a été assuré par Vladimir Poutine, le Premier ministre, qui sera d'ailleurs élu à la magistrature suprême dès le premier tour de l'élection présidentielle anticipée du 26 mars 2000 (avec 52,94 % des suffrages exprimés). Le 14 mars 2004, avec plus de 71 % des suffrages exprimés, le président Poutine sera triomphalement, voire plébiscitairement, réélu faute de candidats sérieux.

Après le triomphe électoral de son parti (*Edinaia Rossia*, Russie unie) aux législatives du 2 décembre 2007, le 10 décembre le président Poutine a adoubé Dmitri Medvedev (alors vice-Premier ministre) en le désignant comme « son » candidat (et donc comme son successeur au Kremlin) à l'élection présidentielle du 2 mars 2008 : Vladimir Poutine s'est ainsi refusé à engager la procédure de révision de la Constitution qui lui aurait permis de briguer indéfiniment la magistrature suprême. Toutefois, V. Poutine n'a pas renoncé à l'exercice du pouvoir, cédant ainsi (bien volontiers…) aux pressions de la population (82 % d'opinions favorables) et surtout du clan (au Kremlin) des « *siloviki* » (hommes en uniformes issus du KGB, de l'armée, ou de l'intérieur… !) : en effet, dès le 11 décembre 2007, D. Medvedev a déclaré qu'il prendrait comme Premier ministre V. Poutine lui-même, ce qu'a accepté le « maître du Kremlin » le 17 décembre. Élu à la présidence de la République (dès le 1er tour) le 2 mars 2008 avec 70,2 % des suffrages, D. Medvedev est entré en fonction le 7 mai ; dès le lendemain 8 mai, en accord avec la *Douma* d'État (chambre basse), le nouveau président russe a nommé Premier ministre V. Poutine, lequel s'était déjà fait élire le 15 avril précédent à la tête du parti majoritaire, *Edinaia Rossia* !

Le chef de l'État, qui a donc reçu l'investiture du peuple, est d'autant plus habilité à gouverner que l'article 80 C prévoit que le président russe « définit les options fondamentales de la politique intérieure et étrangère de l'État » (cette disposition « constitutionnalise » le rôle exercé par le président français, sauf en période de cohabitation). À l'exemple de l'Élysée, le Kremlin nomme le Premier ministre et, sur proposition de celui-ci, les autres membres du gouvernement. Il préside les réunions du Conseil des ministres (comme en France), et peut révoquer le Premier ministre et les membres du gouvernement (il en va de même dans la pratique présidentialiste de la Ve République). Il est le garant de la souveraineté, de l'indépendance et de l'intégrité de l'État. Il dirige la politique extérieure et il est commandant en chef des forces armées. Il a l'initiative des lois. Il possède le pouvoir réglementaire, et nomme aux emplois civils et militaires ordinaires de l'État. Il peut soumettre un texte au référendum. Il dispose des pleins pouvoirs en période de nécessité. Il peut dissoudre la *Douma* (chambre basse). Il peut saisir la Cour constitutionnelle dans le cadre du contrôle de la constitutionnalité des lois. Pour l'essentiel (sauf principalement l'initiative des lois et la nomination aux emplois « ordinaires » de l'État), ces attributions ont également été confiées au président de la Ve République. En outre, les « *ukases* » (décrets) du président russe, qui ne peuvent être contraires aux lois (décrets présidentiels dérivés en France), prévalent sur les actes réglementaires du Premier ministre qu'ils peuvent modifier (en période présidentialiste, Matignon exerce le pouvoir réglementaire de droit commun sous la tutelle de l'Élysée). En définitive, le président russe possède, pour l'essentiel, les pouvoirs conférés au président de la République française par la Constitution de 1958, et exerce le même rôle que l'Élysée en période présidentialiste.

Le président russe, à l'exemple du président des États-Unis, dispose d'un droit de veto à l'égard des lois, qui ne peut être surmonté que par un vote par chacune des deux chambres à la majorité des deux tiers de ses membres.

Enfin, le Kremlin détient certains pouvoirs hérités de la tradition russe et soviétique : il accorde l'asile, il donne et retire la citoyenneté, il suspend les actes administratifs contraires à la Constitution et aux lois.

b) L'Assemblée fédérale dominée par le Kremlin

L'Assemblée fédérale est composée de deux chambres, la *Douma* d'État et le Conseil de la Fédération, qui exercent en commun la fonction législative sur un mode inégalitaire (au profit de la *Douma*, qui représente la population). Cette fonction législative est soumise aux pressions du président russe qui dispose d'un droit de veto suspensif difficile à surmonter (cf. *supra*).

Le Kremlin exerce une nette domination sur la *Douma* lors de la mise en œuvre de mesures qui relèvent du régime parlementaire. La chambre basse doit approuver la désignation, par le président, du Premier ministre : si elle rejette à trois reprises les propositions de candidat(s) du Kremlin (il peut s'agir trois fois du même candidat d'après l'interprétation faite par B. Eltsine), le chef de l'État doit alors dissoudre la *Douma*. En mai 1999, bien qu'hostile au limogeage d'Evgueni Primakov, la *Douma* – afin d'éviter la dissolution – a voté l'investiture de Sergueï Stepachine, celle de Vladimir Poutine en août 1999, celle de Mikhaïl Kassianov en mai 2000, celle de Mikhaïl Fradkov en mars 2004, celle de Viktor Zoubkov en septembre 2007, et enfin celle de Vladimir Poutine en mai 2008.

Certes, lorsque la *Douma* adopte une motion de censure (à la majorité de ses membres), le gouvernement doit démissionner, mais le président peut maintenir le gouvernement en place, et si un nouveau vote de censure intervient dans les trois mois, le président devra soit déclarer le gouvernement démissionnaire, soit dissoudre la *Douma*, sauf pendant la première année de la législature. Enfin, si le gouvernement se voit refuser la confiance (adoption de la question de confiance à la majorité des suffrages exprimés), le président doit dans les 7 jours soit accepter sa démission, soit dissoudre la *Douma*, sauf pendant la première année de la législature.

La pression du Kremlin sur la *Douma* est ici considérable : le double vote de la censure ou le rejet de la confiance risque de produire un effet « boomerang », la *Douma* signant son arrêt de mort alors que le gouvernement reste en fonctions ! De plus, c'est le président qui tranche ! La menace de la dissolution est extrêmement dissuasive, surtout dans la mesure où les députés bénéficient d'avantages matériels considérables... De surcroît, en cas de dissolution, le président n'hésitera pas à légiférer au moyen d'*ukases*, ou même d'ordonnances.

La nette prépondérance du président est encore renforcée quand il dispose d'une majorité parlementaire comme c'est le cas dans la *Douma* (élue pour 4 ans) lors des élections législatives organisées le 19 décembre 1999 (à savoir 12 jours avant la démission-surprise de B. Eltsine). La primauté du Kremlin est même au zénith à partir du moment où le parti du président, *Edinaia Rossia,* détient à lui seul la majorité absolue des sièges au sein de la *Douma*, comme c'est désormais le cas à la suite des législatives de décembre 2003, puis de celles de décembre 2007 ; sous la présidence Poutine, la verticale du pouvoir fut même à son paroxysme avec le congédiement du gouvernement de Mikhaïl Kassianov (24 février 2004), ensuite avec la nomination comme Premier ministre d'un « administrateur » et technocrate méconnu, Mikhaïl Fradkov (1er mars 2004), et enfin avec le remplacement le 12 septembre 2007 de M. Fradkov par Viktor Zoubkov, haut fonctionnaire inconnu du public et totalement dévoué à V. Poutine, un Premier ministre de transition dans l'attente de la présidentielle du 2 mars 2008, de l'entrée en fonctions de D. Medvedev le 7 mai et de l'investiture de V. Poutine au poste de Premier ministre le 8 mai.

La marge de manœuvre du président russe est donc considérable, d'autant plus qu'il est politiquement irresponsable, et que sa responsabilité pénale ne peut être mise en cause que par une procédure très complexe de destitution proche de l'*impeachment* américain. La mise en accusation pour haute trahison doit être votée à la majorité des 2/3 des membres de la *Douma*, confirmée par la Cour Suprême de Russie et la Cour constitutionnelle, et la destitution votée par le Conseil de la Fédération à la majorité des 2/3 de ses membres. La procédure est longue, et la barre placée si haut (2/3 des membres, dès le vote de la mise en accusation), que le président russe ne risque pas (ou si peu) de voir la procédure de destitution aller jusqu'à son terme. Ainsi, à la *Douma*, le 15 mai

1999, aucun des cinq chefs d'accusation retenus contre B. Eltsine n'a recueilli (et de loin) la majorité requise, alors que la chambre basse issue des législatives du 17 décembre 1995 était hostile au président.

c) Les menaces pesant sur le présidentialisme russe

Paradoxalement, à l'opposé du régime politique de la Ve République française, régime parlementaire dont la pratique est présidentialiste, le présidentialisme établi en Russie par la Constitution du 12 décembre 1993 risque de connaître désormais une pratique parlementaire. Certes, en droit, le Premier ministre Vladimir Poutine doit mettre en œuvre la politique décidée par l'actuel « maître du Kremlin » ; mais, en fait, le nouveau « tsar » – D. Medvedev – pourrait fort bien se transformer en « vizir », alors que le Premier ministre concentrerait tous les pouvoirs : conduite de la politique étrangère, élaboration de la politique économique et sociale, direction des services de sécurité, du ministère de la Défense et de l'Intérieur, etc. Une telle évolution du régime est fort possible, voire probable ; V. Poutine jouit en effet d'une immense popularité, il est de surcroît soutenu par le clan des « *siloviki* », et préside même le parti majoritaire *Edinaia Rossia*, alors que D. Medvedev doit sa carrière à V. Poutine et ne dispose pas de clans sur lesquels s'appuyer. La répartition des pouvoirs devrait être rapidement fixée entre le président et son Premier ministre, d'autant plus que V. Poutine envisage d'occuper la fonction de Premier ministre « aussi longtemps que Dmitri Medvedev sera président » !

Le poids de l'Histoire explique sans doute que les 11 États de la CEI (à l'exception de la Moldavie), ainsi que le Turkménistan, aient instauré le régime présidentialiste, et avec une nette prépondérance du chef de l'État : en effet, la Russie tsariste, puis l'URSS n'ont connu qu'un pouvoir fort, et n'ont jamais fait l'expérience du parlementarisme. Au contraire, les 3 États baltes et les démocraties populaires, qui ont pratiqué le parlementarisme pendant l'Entre-deux-guerres, ont opté pour le régime parlementaire rationalisé lorsque s'est ouvert leur processus de démocratisation.

■ *Le présidentialisme dans les pays du Tiers-Monde*

a) Le présidentialisme latino-américain

Au moment de leur accession à l'indépendance, les anciennes colonies espagnoles et portugaises se sont inspirées de la Constitution américaine de 1787.

La stricte séparation des pouvoirs a été partout un échec, et le régime présidentiel s'est transformé en régime présidentialiste avec l'hégémonie d'un président élu au suffrage universel direct. En l'absence de Premier ministre, l'exécutif est monocéphale dans toute l'Amérique latine. La séparation des pouvoirs ne joue qu'en faveur du président qui est irresponsable politiquement. Ainsi, le président de la République dispose souvent des pouvoirs de crise, fréquemment il peut intervenir dans la procédure législative (Argentine, Brésil, Mexique, Colombie, Chili, Venezuela, Paraguay, Uruguay...), ou parfois recevoir une habilitation législative (Brésil, Pérou, Mexique, Chili, Colombie), ou en appeler au peuple par la voie du référendum (Équateur), ou même dissoudre l'assemblée (Uruguay). En revanche, les compétences législatives et financières du Parlement, de même que son pouvoir de contrôle, sont très inférieurs à ceux du Parlement dans les démocraties occidentales.

Le présidentialisme latino-américain, tout en tolérant le multipartisme, s'est longtemps caractérisé par le rejet de la démocratie : ce phénomène a été favorisé par le sous-développement économique, le conservatisme du clergé, et les traditions autoritaires de la péninsule ibérique. Ainsi, les dictatures (souvent militaires) se sont succédées au rythme des coups d'État et des « *pronunciamentos* ». Or, depuis peu, cette tradition du caudillisme semble avoir disparu, cependant que la démocratie triomphe dans de nombreux États.

b) Le présidentialisme africain

Lors de l'accession à l'indépendance, les États africains, francophones et anglophones, ont plaqué sur leur réalité économique et sociale le modèle parlementaire emprunté aux anciennes métropoles. Presque partout ce fut un échec, et le parlementarisme s'est transformé en présidentialisme au début des années 1960. Le présidentialisme a proliféré, dans la plupart des pays d'Afrique noire, mais aussi de l'Afrique méditerranéenne (Algérie, Tunisie, Lybie, Égypte). En Afrique noire francophone, le constituant s'est inspiré de la pratique présidentialiste française, mais en rejetant la fonction de contre-pouvoir exercée par le Parlement et l'opposition.

L'hégémonie du président, face à un Parlement subordonné, a été renforcée par l'existence du système de parti unique (cf. *supra,* p. 72). En Afrique noire, la tradition des chefferies a favorisé la confiscation du pouvoir par le chef de l'État. Or, depuis 1990, un mouvement de constitutionnalisme se développe en Afrique. De nombreuses Constitutions ont été rédigées, respectueuses des droits du Parlement et de l'opposition (fin du système de parti unique), cependant que la fonction de Premier ministre a été consacrée par le constituant (sauf en Guinée, et au Bénin où l'institution est cependant apparue *de facto*) ; de plus, sauf exceptions, le mandat présidentiel est désormais de cinq ans, renouvelable une seule fois : toutefois, le président est souvent tenté d'engager la procédure de révision constitutionnelle pour instaurer le quinquennat « indéfiniment renouvelable » (Guinée, Togo, Tchad...) ! ; bien évidemment, le président, auquel le Premier ministre reste subordonné, est toujours à la fois le chef de l'exécutif, et le chef du parti majoritaire dans le pays et à l'Assemblée nationale.

En principe, les nouvelles Constitutions deviennent le fondement de toute activité politique et créent un contexte de « juridicisation des débats politiques » (Jean du Bois de Gaudusson), au moment où les juridictions constitutionnelles sanctionnent (tout au moins dans certains pays) toute violation de la Constitution, même lorsqu'elle est le fait du président de la République. En réalité, malgré les progrès de la liberté (cf. *supra* p. 162), le présidentialisme africain, pour le moment, ne présente souvent qu'une façade démocratique. L'autoritarisme de l'exécutif et les atteintes aux droits de l'homme ont fréquemment tendance à perdurer, cependant que les clivages politiques et électoraux reproduisent généralement les divisions ethniques. Issu de l'ethnie dominante, le président au pouvoir à l'époque du régime de parti unique a presque toujours été confirmé dans ses fonctions malgré l'instauration du pluralisme politique : le plus souvent, le chef de l'État s'emploie à mater une opposition divisée (Togo [avant la formation d'un gouvernement d'union nationale en septembre 2006], Gabon, Cameroun, Guinée, Tchad...), cependant que dans certains pays la contestation du pouvoir en place a provoqué une résurgence des coups d'État militaires (Côte d'Ivoire, Nigeria, Guinée-Bissau, Comores...), ou a parfois même débouché sur de véritables guerres civiles (République démocratique du Congo [ex-Zaïre], Congo [Brazzaville], Côte d'Ivoire, Rwanda, Burundi, Sierra-Leone, Liberia, Angola...).

Le présidentialisme est néanmoins parfois contesté, notamment par le Bénin qui a établi un régime de séparation (assez) stricte des pouvoirs (de type présidentiel), par l'Éthiopie et par Madagascar qui appliquent le régime parlementaire.

2 L'introuvable régime semi-présidentiel

Célébrée en 1983 lors d'un colloque consacré au « régime semi présidentiel », cette nouvelle qualification semble aujourd'hui abandonnée par la plupart des constitutionnalistes.

Les prétendus critères du régime semi-présidentiel

Le régime semi-présidentiel emprunte au régime présidentiel l'élection du président au suffrage universel direct, l'existence de pouvoirs propres au profit du chef de l'État et, accessoirement, l'impossibilité pour les ministres d'être en même temps parlementaires. Ce système emprunte au régime parlementaire le dualisme de l'exécutif, la responsabilité gouvernementale, le droit de dissolution, et l'exercice du pouvoir par le Premier ministre.

La caractéristique de ce régime semble consister dans l'élection au suffrage universel direct d'un chef de l'État qui, doté de quelques compétences mises en œuvre sans contreseing ministériel, paraît exercer un certain pouvoir politique. En réalité, cette investiture populaire ne débouche sur rien. Les pouvoirs réels du président sont très faibles et son rôle politique inférieur à celui du chef de l'État dans un régime parlementaire dualiste, comme le montre l'absence de responsabilité politique du Premier ministre devant le président de la République.

Ce type de régime ne se situe pas entre le régime présidentiel et le régime parlementaire, mais entre le parlementarisme moniste et le parlementarisme dualiste. En fait, il s'agit plutôt d'un régime parlementaire moniste dans lequel le chef de l'État est élu au suffrage universel direct.

Les prétendues illustrations du régime semi-présidentiel

Selon les tenants de ce type de régime, l'Irlande, la Finlande, l'Autriche, le Portugal et l'Islande pratiquent le régime semi-présidentiel. Or, en Irlande, en Islande et en Autriche, le chef de l'État ne dispose d'aucun pouvoir réel. Seuls les présidents Anibal Cavacao Silva (Portugal) et Mme Tarja Halonen (Finlande) semblent jouer un certain rôle politique. Mais, depuis la révision constitutionnelle de 1982, le chef d'État portugais est presque voué à une fonction de président-soliveau. En revanche, le président finlandais paraît exercer des pouvoirs importants : l'initiative législative pour des projets de loi élaborés en Conseil des ministres, le droit d'opposer son veto aux lois adoptées par l'*Eduskunta* (monocaméralisme atténué), le pouvoir réglementaire autonome, et le droit de dissolution. Or, il ne s'agit que de pouvoirs nominaux soumis au contreseing ministériel. De plus, la nouvelle Constitution finlandaise du 11 juin 1999 (entrée en vigueur le 1er mars 2000) a privé le président des deux pouvoirs propres dont il disposait, et qui concernaient d'ailleurs des domaines politiquement peu sensibles. Toutefois, à l'exemple du président français en vertu du texte fondateur de 1958, le président finlandais – au côté du Premier ministre – exerçait des compétences importantes en matière de politique étrangère et de défense ; ainsi, en 1999, Martti Ahtisaari – alors président – a joué un rôle diplomatique notable dans le règlement de la crise du Kosovo ; cependant, la Constitution de 1999 a désormais réduit les pouvoirs du président dans le domaine de la politique extérieure (surtout dans le secteur des affaires européennes).

Enfin, après l'effondrement du marxisme-léninisme, tout en prévoyant l'élection du président au suffrage universel direct, la Lituanie, la Pologne, la Slovaquie, la Roumanie, la Bulgarie, la Bosnie-Herzégovine (tricéphalisme présidentiel [présidence collégiale de trois membres]), la Croatie, la Slovénie, la Macédoine, la Serbie et le Monténégro (sécession du Monténégro [État membre de l'ex-Serbie-Monténégro] à la suite du référendum d'indépendance du 21 mai 2006) ont établi un régime parlementaire généralement rationalisé, presque toujours moniste et exceptionnellement dualiste (cf. *supra*, p. 126). D'ailleurs, dans les pays de l'Europe centrale, orientale et balte, il n'existe aucune relation entre le mode d'élection du chef de l'État (élection au suffrage universel direct ou par le Parlement) et les compétences accordées au président par le constituant.

Du même auteur

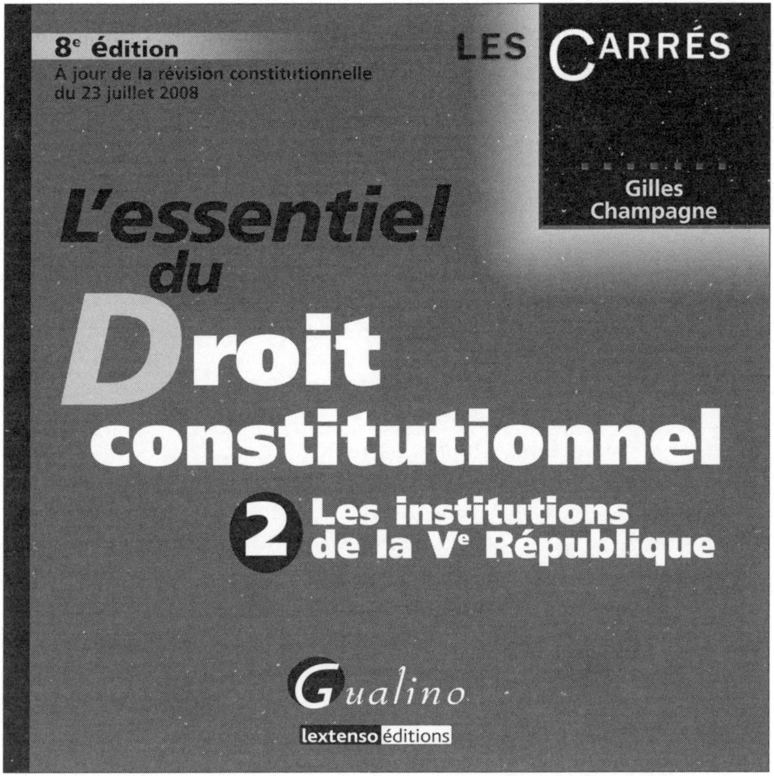

Édition 2008 publiée fin août 2008

Achevé d'imprimer sur les presses
de l'imprimerie France Quercy - 46090 Mercuès
N° d'impression : 81769
Dépôt légal : août 2008

Gualino éditeur - Lextenso éditions
N° éditeur : 2877

Imprimé en France